中公新書 2288

細見和之著

フランクフルト学派

ホルクハイマー、アドルノから21世紀の「批判理論」へ

中央公論新社刊

はじめに

「アウシュヴィッツのあとで詩を書くことは野蛮である」――フランクフルト学派の戦後におけるる代表、アドルノが語ったとても有名な言葉です。みなさんはこの言葉を聞いて、どのような印象をもたれるでしょうか。

一九三九年九月、ヒトラーに率いられたドイツ軍がポーランドに侵攻し、それに対してイギリスとフランスがドイツに宣戦布告して、第二次世界大戦がはじまります。やがて、占領下のポーランドにヒトラーは、ユダヤ人や少数民族を殺戮《さつりく》する絶滅収容所をいくつも設置してゆきます。絶滅収容所というのは、ひとびとに強制労働を強いる場所ではなく、とにかくそこに運ばれてきたひとびとを殺戮することだけを目的にしていた設備です。貨物列車などで連れて来られたひとびとの大半はガス室で殺され、数時間後には灰にされてしまいました。「アウシュヴィッツ」は、最大規模の絶滅収容所が置かれることになったポーランドの町の名前で、ポーランド語ではオシフィエンチムと呼ばれています。

同時に「アウシュヴィッツ」はそのオシフィエンチムの絶滅収容所だけではなく、ナチス支配下のヨーロッパで生じたユダヤ人、少数民族に対する大量殺戮「ホロコースト」のシンボルとしても用いられます。最終的にはヒトラーの支配下で、六〇〇万人近くのひとびとが殺戮されてしまいました。

アドルノが「アウシュヴィッツのあとで詩を書くことは野蛮である」と語った際の「アウシュヴィッツ」は、そのホロコーストという出来事全体を指しています。それに対して「詩を書くこと」は、たんに「詩」のみならず、ホロコーストとは本来対極にあるはずの文化的営みのシンボルとして用いられています。のちにアドルノは哲学的主著『否定弁証法』のなかでは、端的に「アウシュヴィッツ以降、文化はすべてごみ屑《くず》となった」とまで語っています。

ホロコーストのような出来事が起こったあとでは、詩を書くことに象徴される文化的営みは、その意味を根本から問いなおされざるをえないのではないか。とりあえず、私はアドルノの言葉をそのように理解しています。アウシュヴィッツに象徴される出来事は、文化と野蛮の関係を根底から問いなおすことを私たちに迫っているのではないか――それがアドルノの問いかけであったと思います。この視点からまた、アドルノが単純に「詩を書くこと」を否定していたのでないことも理解していただけると思います。実際アドルノは、パウル・ツェランという詩人を高く評価していました。ホロコーストのただなかで両親を奪われたツェランは、ホロコーストのあとだからこそ詩を書かざるをえなかった詩人そのものです。

さて、ヒトラーの率いるナチスによってホロコーストが開始されたのは、一九四一年の六月からです。そのころの殺戮形態は銃殺でしたが、その年の暮れには絶滅収容所のひとつヘウムノでガス・トラックを使った大量殺戮がはじまります。アウシュヴィッツの第二収容所ビルケナウのガス室が稼働しはじめたのは、一九四二年三月です。以後、ソビブル絶滅収容所、トレブリンカ絶滅収容所などが設置され、フル稼働してゆきます。

いまからほぼ七〇年前のことです。それこそみなさんは、何て野蛮な時代だったのだろう、と思われるかもしれません。ひとりの人間の命は地球より重い、という人権感覚からすれば、ちょっと考えられない出来事としか言いようがないかもしれません。しかし、当時のドイツのひとびとが現在の私たちと比べて途方もなく「野蛮」だったわけではありません。ドイツと言えばまず思い浮かぶのは、ベートーヴェンやブラームスらのクラシック音楽ではないでしょうか。美しいクラシック音楽に代表される、ロマンティックで教養に満ちた文化の国……。そこでどうしてナチスのような政党、ヒトラーのような指導者が独裁的な力を発揮しえたのか、さらにはホロコーストのような出来事が生じることになったのか。そのことを考えると、たんに七〇年前の時代だから起こりえた野蛮な出来事、と言って済ますことはとうていできないのではないでしょうか。

そして、まさしくこの問いを解き明かすことを生涯の課題とすることになったのが、「フランクフルト学派」の一群の思想家たちでした。すでに名前をあげたテオドーア・W・アドルノ（哲学、美学）はもとより、マックス・ホルクハイマー（社会哲学）、エーリヒ・フロム（社会心理学）、ヴァルター・ベンヤミン（文芸批評）、フリートリヒ・ポロック（経済学）、ヘルベルト・マルクーゼ（哲学）、レオ・レーヴェンタール（文芸社会学）、フランツ・ノイマン（政治学）など、じつに多彩な顔ぶれです。いま、名前とともに中心的な活動分野を括弧書きしましたが、元来は多様な領域にまたがって仕事をしたひとびとですので、あくまで便宜的なものと考えていただきたいと思います（ベンヤミンは、一九四〇年に自殺しますので、ホロコースト自体を知ることはありませんでしたが）。

彼らはフランクフルトに設立された社会研究所を拠点に一九三〇年前後から活動をはじめていましたが、これらのひとびとが「フランクフルト学派」と呼ばれるようになったのは、戦後になってからのことです。一般に、○○学派という呼び方は自称よりは他称、自分であたえた名前ではなく他人から一種のレッテルとして貼られた名称であることが多いのですが、彼らの場合もそうでした。思想家である以上、それぞれの個性を抹消したグループ名には誰しも抵抗をおぼえるものです。ある場合には、そういう集合名は蔑称であったりもします。

とはいえ、私の学生時代――私が大学に入学したのは一九八〇年です――、少なくとも日本では「フランクフルト学派」はけっして蔑称などではありませんでした（なかには蔑称として使っていたひともあったのかもしれませんが）。むしろ、ファシズム、あるいはナチズムにいたったヨーロッパ文明をさまざまな角度から鋭く批判する思想家の集団として、その名は敬意に満ちたアウラに包まれていました。とくに、アドルノとベンヤミンは、きわめて難解な思想家として知られ、その晦渋《かいじゅう》さが独特の魅力を放ってもいました。まだそのころには、アドルノの哲学的主著『否定弁証法』の翻訳はもとより、アドルノとホルクハイマーの記念碑的な共著『啓蒙の弁証法』の翻訳すらなかったのです（！）。

しかも、これらの一群の思想家たちには、そのほとんどがユダヤ系の出自をもつひとびとである、という特徴がそなわっていました。一九三〇年代にドイツで「ユダヤ系」の人間として生きているということは、のちにはガス室に送られる側の立場にあることを意味していました。もちろん、彼らが最初からホロコーストを予見していたというのではありません。彼らはむしろ、その時点でドイツの教養文化をいちばん深く身につけていた若い知識人の代表でしたから、当初はホロコーストなどとうてい想定することができなかったでしょう。しかし、ユダヤ人排斥を政策の筆頭に掲げるヒトラーが勢力を伸ばし、一九三三年一月に合法的に政権を獲得すると、活動拠点であった社会研究所は閉鎖され、研究所ともども彼らは亡命の道を選ばざるをえませんでした。ヒトラーの側は彼らの社会研究所を「ユダヤ系」としてしっかりマークしていたのです。

一九四〇年に亡命の途中でベンヤミンは不幸な自殺を遂げてしまいますが、フランクフルト学派の多くはホロコーストを超えて、戦後の世界で活動することができました。逆に言うと、戦後に活動を続けることができたからこそ、彼らは「フランクフルト学派」として認知されることになりました。アドルノとホルクハイマーが戦後ドイツ（当時は西ドイツ）に帰国して、社会研究所を再建したとき、彼らはナチズムないしファシズムに対して戦中から果敢な理論的抵抗を試みていた数少ない思想集団の代表として脚光をあびることになります。そして、亡命していなければ確実にガス室送りとなっていた立場から、彼らが戦後の世界で徹底して考え抜こうとしたのが、なぜホロコーストのような出来事がヨーロッパの高度な文明社会で起こったのか、ということでした。彼らの問いかけは、戦後のドイツ、また欧米で、とても重い意味をもっていました。

ただし、彼らが戦後ドイツで占めることになった「批判的知識人」という立場は、致命的な誤解を生むことにもなりました。彼らのヨーロッパ文明への批判的な問いかけがマルクスの資本主義批判を組み込んだものでもあったため、あたかも彼らの思想が左翼革命を煽《あお》り立てるたぐいのものとして捉えられたのでした。おりしも、学園闘争が盛んになってゆく一九六〇年代後半、マルクーゼは新左翼の教祖のような形で人気を博し、一方、学生たちの呼びかける革命的実践に背をむけるアドルノ、ホルクハイマーらは学生運動家たちから失望されるだけでなく、批判の矢面に立たされることになりました。革命どころか、どのような実践も具体的に指し示すことのできないまま、批判に終始しているだけの貧困な理論、そういう嘲笑があびせられることにもなりました。そういう地点から、アドルノ、ホルクハイマーの死後、フランクフルト学派第二世代を代表するユルゲン・ハーバーマスがアドルノ、ホルクハイマーへの理論的な批判をも組み込みながら、新たな理論活動を活発に展開してゆくことになります。

私自身は、何か具体的な処方箋を提示できなければその批判は不毛である、という立場に与《くみ》することはできません。すぐに手近な解決策をもとめる場合、私たちはその批判が見据えようとしている現実からじつは目をそむけているだけなのではないでしょうか。アドルノ、ホルクハイマーを批判するハーバーマスといえども、けっして易々と処方箋を差し出しているのではありません。なぜホロコーストのような出来事がヨーロッパの「高度」な文明のただなかで生じたのかという問いは、むしろ安直な解答を拒むところがあるでしょう。この問いの困難さから目をそむけることなく、事態の重みに見合うだけの思想の言葉を探しつづけること――。その一点で、「フランクフルト学派」の思想はいまも私たちにたいせつな導きをあたえてくれるものと私は確信しています。

本書では、彼らの思想を、一九三〇年代の出発点から、困難な亡命の時期を経て、戦後ドイツでの活躍、ハーバーマスによる新たな展開、そして現在のフランクフルト学派にいたるまで追いかけますが、最終的には、未知のフランクフルト学派にまで思考をおよぼしたいと思います。二〇世紀の困難な現実のなかで紡がれた彼らの思想を、二一世紀の私たちの時代を照らし出すかけがえのない探照灯とすること――本書をつうじて、そのことをみなさんと一緒に試みたいのです。

フランクフルト学派　**目次**

第1章　社会研究所の創設と初期ホルクハイマーの思想

のちに「フランクフルト学派」と呼ばれることになる一群の思想家たちが積極的な理論活動を展開するのは、一九三〇年代に入ってからです。そこで、そもそも彼らの思想がどういう時代状況を背景にしていたか、簡単に確認するところからはじめます。

当時のドイツは第一次世界大戦――もっとも、当時は「第一次世界大戦」ではなく、「世界戦争」と呼ばれていたのですが――の敗北後、膨大な賠償金を課せられて、きわめて不安定な状態にありました。一九一七年、ロシアではレーニンに率いられた社会主義革命が史上はじめて達成される一方、ドイツ革命は敗退してゆき、一九一九年にワイマール共和国が成立します。世界でもっとも民主主義的とも呼ばれた憲法をそなえたワイマール共和国では、とくに一九二〇年代は「黄金の二〇年代」と呼ばれるように、キャバレイやカフェの文化、映画などが活況を呈していましたが、厳しいインフレを背景として、左右の政治勢力が激しく争っていました。その状況下で知識人がどのような考えを抱いていたかを、当時よく読まれた二冊の書物のうちに確認しておきます。ひとつはオスヴァルト・シュペングラーの『西洋の没落』、もう一冊はジョルジュ・ルカーチの『歴史と階級意識』です。

シュペングラー『西洋の没落』

シュペングラーの『西洋の没落』は二巻からなる大部な本で、その第一巻は一九一八年に出版され、数十版を重ねるベストセラーを記録しました（私の所持している一九二二年に刊行された原書には、五万一〇〇〇部から五万三〇〇〇部のもの、という注記があります）。第二巻が刊行されたのは、一九二二年で、その時点ですでにブームは去っていたと言われますが、第一巻の出版は第一次世界大戦終結の前後ですから、「西洋の没落」というタイトルはとてもセンセーショナルに響いたに違いありません。

この全二巻をつうじたサブタイトルには「世界史の形態学の素描」とあります。古代から現代にいたるさまざまな世界の文化・文明を、古代－中世－近代というような直線的な発展図式ではなくて、時空を超えて類似と差異を確認しうる「形態学」として捉えようとする試みです。さらにそこには、それぞれの文化・文明には、ちょうど一年の周期と同様の、春・夏・秋・冬という展開を経てゆく宿命があるという発想が組み込まれています。各文化・文明は、春の目覚めの時期から夏の盛り、秋の収穫の時期を経て、やがて冬にいたって没落してゆく、という捉え方です。もちろんこれは「歴史学」として見ればあまりに大雑把な捉え方ですが、ポイントは、シュペングラーが「ファウスト的」と規定する西洋近代の文化・文明がいまや没落する冬の時代を迎えようとしている、という痛切な認識にありました。

ギリシア・ローマで展開された、有限な世界のなかで均整のとれた表現をもとめる「アポロン的」な文化に対して、ヨーロッパ近代は無限の世界への憧憬をその核に宿していたというのがシュペングラーの「ファウスト的文化」のイメージです。彼はゲーテの『ファウスト』はもとより、ライプニッツの微積分、ニュートンの宇宙論、レンブラントの絵画、ワーグナーの楽劇、さらには建築様式についての議論までをそこに組み込んでいます。実際、『西洋の没落』全二巻には、建築、絵画、音楽、文学にわたる芸術学から、哲学、歴史学（とくに法制史と文化史）、地理学、経済学、科学史にわたる、膨大な知識がちりばめられています。科学史においては、ニュートン物理学から量子力学、相対性理論までが押さえられていて、文化史においても、インドやエジプト、中国のみならず、イスラム圏の文化・文明までが射程に入っています。驚くべき博識と言うほかありません。

しかも、この本にはほとんど文献註というものが付されていません。さまざまな文献から著者がいったん自分の頭のなかに蓄えたもの、いわば自家薬籠中のものとした知識を吐き出すようにして書きつけている、という印象です。シュペングラーは大学ではなく、ギムナジウムの教員（日本では中学－高校教員に相当する）でしたので、その著述スタイルには既存のアカデミズムに対する異議申し立ても込められていたに違いありません。この本を西洋の危機に便乗したものと批判する指摘もありますが、著者本人にそんな気持ちは毛頭なかったであろうことは、本文を一読すれば明らかです。著者の姿勢は真面目《まじめ》すぎるくらい真面目です。

また、ナチズムとの関連も取りざたされますが、シュペングラーが社会主義を嫌悪するナショナリストであったことは疑いないにしろ、少なくともナチスの人種イデオロギーに対して批判的であったことは明らかです。『西洋の没落』においてもナチスが特権視することになる「アーリア人」という概念が虚構のものであることが明言されています。

のちにアドルノが「『没落』後のシュペングラー」という批評を書いていることも念頭において、『西洋の没落』についてやや詳しく紹介しました。このようにシュペングラーが政治的に右派の立場から状況の危機に対峙《たいじ》していたのに対して、明確に左派の立場から困難な状況に向き合おうとしたのがルカーチの『歴史と階級意識』でした。

ルカーチ『歴史と階級意識』

一八八五年、ハンガリーのブダペストでユダヤ系の両親のもとに生まれたルカーチは、早くからハンガリー語での文筆活動をはじめていましたが、一九〇六年からドイツに留学し、ドイツの哲学、社会学、美学を本格的に吸収します。さらには、マックス・ウェーバーのサークルにも属し、彼の知性はウェーバーに高く評価されます。その間にルカーチは、『魂と形式』（ハンガリー語版一九一〇年、ドイツ語版一九一一年）というエッセイ集、また『近代戯曲発展史』（一九一一年）を刊行し、さらにドストエフスキー論のまえがきとして「小説の理論」を執筆し、こちらはウェーバーの紹介によって一九一六年に雑誌掲載されます。「小説の理論」が書物として出版されるのは一九二〇年ですが、その時点でルカーチは、ハンガリー共産党に入党し、ハンガリー革命の敗北を党の政治委員（教育人民委員）として体験している身でした。ルカーチには逮捕状が出され、一九一九年一〇月、亡命先のウィーンでルカーチは実際に逮捕されますが、ルカーチを知る知識人たちの救援のための共同声明などが出されたのが功を奏したのか、年末には釈放されました。

それにしても、この時期のルカーチの思想の急激な変化には、驚くべきものがあります。『魂と形式』は優れたノヴァーリス論、キルケゴール論をふくむ、じつに瑞々《みずみず》しいエッセイ集であり、『小説の理論』はドストエフスキーにいたる長篇小説の世界史的な流れを光彩陸離と呼ぶべき文体で綴《つづ》ったみごとな批評です。少なくともそれらの著作でのルカーチは鋭敏な文芸批評家あるいは美学者です。ところが、ハンガリー革命の敗北の総括としても綴られた論集『歴史と階級意識』（一九二三年）のルカーチは、徹底したマルクス主義者として登場します。ここでルカーチはカント以来のドイツ哲学にさかのぼって、マルクス主義を位置づけようとしていて、それがマルクス主義の哲学化をよい意味でもたらしたと評されます。
しかし、私にとってショッキングなのはその文体と論理です。たとえば、当時左派の知識人にいちばん大きな影響をあたえたとされる「物象化とプロレタリアートの意識」と題された長大な――この論集のなかでもっとも長い――論考から引いてみましょう。

とりわけ労働者は、自分自身を商品として意識するときにのみ、自分の社会的存在を意識することができる。労働者の直接的存在は労働者を――すでに示したように――生産過程内部での純粋な単純な客体という位置につける。だが、この直接性が多面的な媒介の結果であることが証明され、この直接性の前提となるものがすべて明白になりはじめるとともに、商品構造の物神的形態が崩壊しはじめる。すなわち、労働者は商品のなかで自分自身を認識し、資本と労働者自身の関係を認識するのである。したがって、労働者がこの客体としての役割を克服することがまだ実践的に不可能であるかぎり、彼の意識は商品の自己意識である。いいかえれば、商品流通にもとづく資本主義社会の自己認識であり、自己開示なのである。

（ルカーチ『歴史と階級意識』強調は原文）

ルカーチが『資本論』をはじめマルクスの著作から取り出して主題化した「物象化」という概念は、この後、マルクス主義の信奉者たちのあいだに大きな影響をあたえます。資本主義社会においては人間の社会的な関係はすべて商品ないしは貨幣という物の関係として現われ、労働者もまた人格をそなえた人間としてではなく労働力という一個の「商品」と見なされる、という問題です。ルカーチはその問題に、むしろカント以来の主体－客体の分裂を乗り越える突破口を見ようとします。もしも一個の商品、物象であり、客体である労働者が主体的な自己意識を獲得するならば、客体が意識をもつという事態によって、主体－客体の対立自体が克服されてゆくからです。しかし、これがあまりに観念的な話であることは、ここでのルカーチの文体自体が打ち明けています。ルカーチは『歴史と階級意識』のなかで「労働者」「プロレタリアート」という言葉を何十回と繰り返していますが、それはどこまでも抽象的な概念であって、そこに生身の労働者、プロレタリアートを具体的に感じ取ることはとうてい不可能です。

　実際ルカーチは、彼のもとめるような「階級意識」を現実にはプロレタリアートがただしく獲得しないという問題を受けて、党による階級意識の注入ないし指導ということを語ります。これは結局のところ、党の神聖化へと反転せざるをえない考え方です。党だけがただしい階級意識を保持している、ということになるのですから。

いずれにしろ、『歴史と階級意識』に収められた諸論文からは、『小説の理論』までのルカーチとはまったく異なった印象、それこそインストールされるソフトがすっかり入れ替わったような印象を受けます。私は以前に、ルカーチと同時代の日本のマルクス主義経済学者、河上肇《かわかみはじめ》の『貧乏物語』(一九一七年)と『第二貧乏物語』(一九三〇年)を読み比べて、まったく同じような印象を受けました。『貧乏物語』は河上肇の個性に裏打ちされた、大衆性のある優れた著作ですが、『第二貧乏物語』は、河上の個性がすっかり消え失《う》せた、じつに教条的な文体と語彙《ごい》で延々と書き連ねたものとなっています。これは洋の東西を問わず、いまにいたるまでのマルクス主義の決定的な弱点です。

とはいえ、ルカーチの『歴史と階級意識』は、当時の左派の知識人に大きな影響をあたえました。マルクスの思想を、カントからヘーゲルにいたるドイツの古典的な哲学の流れのなかであらためて受けとめ、マルクスの思想を再哲学化すること——。大きくはそういう方向にルカーチの著書は寄与しました。

裕福なユダヤ系の家庭出身者たち

いま、シュペングラーの『西洋の没落』とルカーチの『歴史と階級意識』を、フランクフルト学派が成立した時代背景を示すものとして紹介しました。つまり、西洋の文化・文明そのものが崩壊してゆくような危機意識とマルクス主義的な革命への大きな期待、この二つの狭間《はざま》で知的な成長を遂げていったのが、のちにフランクフルト学派を形成する一群のひとびとでした。

この本に登場することになる主な人物で言うと、ベンヤミンがいちばん年長で一八九二年生まれ、ポロックが一八九四年、ホルクハイマーが一八九五年、マルクーゼが一八九八年、フロムとノイマンが一九〇〇年、アドルノが一九〇三年の生まれです。ベンヤミンとアドルノのあいだに一一年の開きがありますが、だいたい両者のあいだに誕生年がおさまるひとびとということになります。これに対してシュペングラーは一八八〇年の生まれ、ルカーチは一八八五年の生まれです。近いけれどもやはりひと世代上、という感じになります。

くわえて、ベンヤミンからアドルノにいたるまで、彼らはすべて裕福なユダヤ系の家庭出身でした。典型的な例は、祖父が東ヨーロッパからベルリンやフランクフルトに出てきて事業を起こし、父の代で事業が大成功して拡大されてゆくというパターンです。結果として彼らは、親のゆたかな財力を背景に、ユダヤ系でありながら、ドイツの教養・文化をいちばん深く身につけた世代に属しています。実業の世界に打ち込んできた父親と、芸術や学問の世界にのめり込む息子とのあいだで、しばしば葛藤が生じることにもなります。その彼らが第一次世界大戦をくぐりぬけ（このときベンヤミンは兵役を逃れ、ホルクハイマーは兵役についています）、『西洋の没落』と『歴史と階級意識』の狭間に置かれることになったのです。

社会研究所の創設

ここでまず簡単に、ドイツの中心部に位置するフランクフルトに「社会研究所」が設立されるにいたった経緯を確認しておきましょう。

この社会研究所は、フランクフルト大学と連携しつつも、あくまで独立した財源にもとづく独立した研究機関として、一九二三年に創設されました。その肝心の財源は、ヘルマン・ヴァイルという、ユダヤ系の穀物商人が提供しました。ヴァイルはドイツに生まれ、アルゼンチンに赴き、ヨーロッパへ穀物を輸出することで大きな財を築いていました。彼にはフェリックスというひとり息子がいました。一八九八年、ブエノスアイレスで生まれたフェリックスは、九歳のときからフランクフルトで育ち、フランクフルト大学で政治学の博士号を取得し、マルクス主義に強い関心を抱いていました。フェリックスは、同世代の友人、ポロックやそのまた友人ホルクハイマーとも相談して、マルクス主義の専門的な研究機関の創設を思い立ちます。フェリックスは父親に働きかけ、社会研究所の創設と維持のための基金を提供させるにいたりました（その際フェリックスは、父親に対して、研究所設立の目的に「反ユダヤ主義」の研究をあげていたと言われます）。

このヴァイル親子の資金はこの後の研究所を、研究所自体の困難な亡命の日々をつうじて支えることになります。その際、ドイツ国内での急激なインフレの進行に対して、ヴァイル家の資産が基本的に海外においてドルの形で維持されていたことも、大いに役立つことになります。

社会研究所（フランクフルト、1924年）

ちなみに、社会研究所にはユダヤ系の知識人が集《つど》うことになりますが、研究所に関わる際に、とくにその人物が「ユダヤ系」であるかどうかは、問われませんでした。現に、中国研究などで知られるカール・ヴィットフォーゲルなど、少数ながら非ユダヤ系の知識人も研究所のメンバーには存在していました。しかし、当時ドイツの大学ではまだユダヤ系のひとびとがポストに就《つ》くことは稀《まれ》でした。ドイツの教養・文化を徹底して吸収しながらも、まだ社会的にはきちんと受け入れられていないユダヤ系知識人の登場——。そういう力学のなかで社会研究所にユダヤ系のひとびとが集うことになったという背景があります。そして、ヒトラーの時代になると、彼らは受け入れられないどころか、抹殺の対象になるわけですから、そのような文脈でも私たちは、フランクフルト学派の大多数のひとびとが「ユダヤ系」であるという問題を理解しておくべきだと思います。

研究所が創設されたときの初代の所長はカール・グリューンベルクでした。彼はカトリックに改宗していたとはいえ、ユダヤ人の両親のもとに生まれ、マルクス主義者であることを公然と唱えていた、ウィーン大学の教授でした。当時はまだ、大学教授でマルクス主義者であることを公言している人物はほぼ絶無という状態でした。また、グリューンベルクは雑誌『社会主義および労働運動の歴史研究』の編者としても知られていました。とはいえ、ポロックやホルクハイマーなどの若い世代から見ると、グリューンベルクはいかにも実証的な正統派マルクス主義者で、マルクス主義を思想的に深めてゆくような理論的関心は薄いと思わざるをえなかったようです。

ホルクハイマーの所長就任講演

マックス・ホルクハイマー（Max Horkheimer）は、一八九五年、ドイツ、シュトゥットガルトで織物製造業を営む一家に生まれました。彼は、父親の事業を受け継ぐことを前提に、見習い修業として外国への旅に出たりもしました。そこから、かえって哲学や文学への強い関心を抱くことになります。父親の事業を継ぐのではなく、大学での研究をもとめるようになります。ホルクハイマーは生涯にわたってショーペンハウアーの哲学に愛着を抱いていましたが、彼の生い立ち自体、裕福な商人の息子であったショーペンハウアーと類似していきます。

ホルクハイマーにしろ、アドルノにしろ、マルクスを絶対視するのではなく、カントやヘーゲルなどドイツ観念論に対しても深い関心をもっていました。ドイツでは大学でポストを得るためには、博士論文につづいて教授資格論文を提出する必要がありますが、ホルクハイマーの博士論文も教授資格論文も、カントの『判断力批判』をテーマにしたものでした。のちに「フランクフルト学派」と総称されるひとびとの理論的な活動が展開してゆくのは、病気で倒れたグリューンベルクのあとを受けて、ホルクハイマーが研究所の所長に就任してからです。ホルクハイマーは一九三〇年六月にフランクフルト大学に新たに設けられた社会哲学の講座の教授になるとともに、社会研究所の所長に就任し、一九三一年一月、「社会哲学の現状と社会研究所の課題」と題された所長就任講演を行ないました。残念ながらこの講演の日本語訳はまだありません。ここではホルクハイマーのドイツ語版全集から紹介したいと思います。

就任講演のなかでまずホルクハイマーが強調しているのは「社会哲学」の重要性です。カントからヘーゲルにいたるドイツ観念論の展開は、ホルクハイマーによれば、独自な社会哲学的洞察の深化だったのであって、とりわけヘーゲルの哲学体系はたんなる観念論ではなく強固な社会哲学として打ち立てられている、と彼は考えます。しばしば悪評の対象となったヘーゲルの「世界精神」も、けっして理解不可能な神秘的な存在などではなく、社会の発展をたんなる個人を超えたダイナミズムとして捉える原理だとホルクハイマーは主張します。

しかし、ヘーゲル以降、実証主義的な個別科学の進展のなかで、ヘーゲル的な全体性、個人を超えた社会の発展のダイナミズムを捉える視点は失われていった。新カント派以後の思想の流れのなかで、ふたたび新たな社会哲学がもとめられているが、しかしそれはたんなるヘーゲルへの逆行であってはならない。ここでホルクハイマーは、ヘーゲル哲学が個人を超えた社会のダイナミズムを捉える視点を有していても、最終的には悪しき現実を「神聖化」(フェアクレールング)する機能を果たしている、と批判してもいます。本来、現実を「解明・啓蒙」(アウフクレールング)すべきところで、「神聖化」してしまっているヘーゲルへの批判です。この点は、のちの『啓蒙の弁証法』にいたる遠い布石とも言えます。そして彼がもとめているのは、「哲学的な理論と専門化された科学的実践の、たえざる弁証法的な相互浸透と発展」です。

さらにホルクハイマーは、三つの領域の結びつきを探究する必要があると言います。すなわち、（1）社会の経済的生活、（2）諸個人の心理的な発達、（3）狭義の文化の領域における変化、です。（1）の経済がマルクスの思想と深く関わるのに対して、（2）はフロイトの思想と繋《つな》がってゆきます。さらに（3）は文学、音楽、映画などの分析をつうじた文化論としての展開を予想させます。こうして見ると、この就任講演は、のちのフランクフルト学派のひとびとが向かう方向を、やはり萌芽的に示していると言えます。

講演の後半でホルクハイマーは、ドイツの熟練労働者とホワイトカラーを対象として、さきの三つの連関を具体的に調査することを示唆しています。各種の統計資料とともに、独自のアンケート用紙を使った調査を行なうと彼は述べています。さらに、ホルクハイマーはスイスのジュネーヴに社会研究所の支部を設置することもこの講演のなかで表明しました。ジュネーヴには世界労働機構が置かれており、そこの資料が社会研究所にとっても重要であるとともに、国内の不穏な政治情勢に照らして、逃げ場を確保しておくという意図が彼にはありました。やがて社会研究

ホルクハイマー

所の基金はオランダに移されることになりますが、ナチスが政権を獲得し、社会研究所が閉鎖に追いこまれたとき、ポロックが管理していたジュネーヴ支部は社会研究所それ自体の最初の亡命地となります。

市民哲学者としてのホルクハイマー

社会研究所の所長就任講演はあくまで研究所の共同作業のための輪郭の提示です。さらにホルクハイマー個人の思想の特徴を知るために、就任講演に先立ってホルクハイマーの最初の著書として刊行された『市民的歴史哲学の起源』(一九三〇年)を見ておきたいと思います。こちらは幸い、日本語訳があります。

この本は「第一章　マキャベリと心理学的歴史観」「第二章　自然法とイデオロギー」「第三章　ユートピア」「第四章　ヴィーコと神話学」から構成されています。第二章で主に論じられているのはホッブズであり、第三章ではモアとカンパネラに焦点が置かれています。歴史的には一五世紀から一八世紀、地理的にはイタリアとイギリスの社会思想が論じられていることになります。ここでホルクハイマーが「市民的歴史哲学」と呼んでいるものは所長就任講演で強調されていた「社会哲学」とほぼ同じものと見てよいと思います。しかし、就任講演ではあくまでその社会哲学がドイツ観念論から新カント派を経て現在にいたる流れのなかで語られていたのに対して、ここではそれ以前、まさしくその「起源」がイタリア、イギリスの社会思想のうちに確認されているわけです。

このホルクハイマーの視座は、のちのアドルノとの共著『啓蒙の弁証法』（一九四七年）にいたるうえでも重要だと言えます。『啓蒙の弁証法』は近代的な知の出発点をフランシス・ベーコンの「知は力なり」という言葉に確認するところからはじまっていますが、ここでホッブズはまさしくそのベーコンの忠実な弟子として基本的に肯定的に捉えられています。また、マキャベリも、たんに君主の独裁を支持する非情な政治思想家ではなく、「よき社会秩序の創出こそ歴史的行為の最高の目標」と見なしていた社会哲学者として評価されています。「マキャベリの偉大な点は、新しい社会への門口に立って、近代の物理学・心理学の原理に対応する政治学の可能性を認識し、その科学の基本的特徴を単純かつ明確に言い表わしたことにある」。このようなマキャベリに対する理解は、後年のハンナ・アーレントのマキャベリ評価ともつうじるものがあります。

ただし、ホルクハイマーは、マキャベリにしろホッブズにしろ、人間本性が歴史をつうじて不変であると彼らが前提している点については、繰り返し厳しく批判しています。人間の本性そのものが歴史のなかで作り上げられていったものであること、逆に言うと、社会の変化とともに人間の本性もまた変容しうること、それこそはヘーゲルからマルクスへと引き継がれたとても重要な視点です。マルクスは資本主義の廃棄とともに人類の前史が終わる、とまで語っています。ホルクハイマーはここでマルクスの名前を一度も出していませんが、人間本性の変容可能性という彼の考えの背景には、やはりマルクスの思想があったのだろうと思われます。

ユートピア思想と神話解釈の評価

それに対して、モアとカンパネラのユートピア思想は、マキャベリ、ホッブズと比べて、基本的に批判的に論及されています。モアとカンパネラのユートピア思想は、中世経済から近代経済への移行のなかで絶望を強いられた階層に属するひとびとの表現である、とのっけから冷徹にホルクハイマーは語ります。理想郷を実現する歴史的条件を何ら探索することなく、どこか遠くの島に「ユートピア」を夢想することの無力さをホルクハイマーは批判しています。やはり背景には、マルクスとエンゲルスによるユートピア社会主義への批判があるだろうと思います。

ただし、ホルクハイマーは一点において、ユートピア思想を評価してもいます。そもそもホルクハイマーはここでユートピア思想にはふたつの側面があると言います。つまり、現状を批判する側面とあるべき理想を描く側面です。あるべき理想を描くという面ではユートピア思想はたんなる夢物語に堕してしまうが、そこに現状に対する批判がこめられているかぎりでは優れた意義を有している、というのがホルクハイマーの指摘です。こういう捉え方もマルクスとエンゲルスのものですが、同時にそれはまた、あるべきモデルを積極的に提示することなく現状を批判するという、後年の「批判理論」の原型とも言えます。理想社会を図像として描くことなく現状を批判しつづける態度です（それゆえに不毛だという批判も敵対者から浴びせられるのですが）。

さらに、『市民的歴史哲学の起源』の第四章で、ホルクハイマーがヴィーコの思想、とくにその神話解釈をきわめて肯定的に評価していることは、とても重要だと言えます。ヴィーコは「実は最大の歴史哲学者のひとりであるばかりでなく、優れた社会学者、心理学者でもあった」というのがホルクハイマーの理解です。そして、ヴィーコが神話解釈をつうじて文明の起源の解明を構想していることにホルクハイマーは注意を向けます。「ヴィーコは、神話は強大な自然の力に対する恐れの反応のひとつとして成立する、とした」。この自然と神話の関係に対する理解は後年の『啓蒙の弁証法』の立場そのものです。そもそも『啓蒙の弁証法』は「神話はすでにして啓蒙である」と「啓蒙は神話に退化する」というふたつのテーゼを柱にしていますが、前者の「神話はすでにして啓蒙である」という理解の大きな背景として、ここでホルクハイマーが重要視しているヴィーコの神話解釈があったと見ておく必要があります（実際、ここで引かれているのと同じヴィーコの文章が『啓蒙の弁証法』でもちらりと登場することになります）。

以上のようなマキャベリからホッブズを経てヴィーコへといたる、社会哲学あるいは市民的歴史哲学への視座は、ホルクハイマーの思想の大きなバックボーンを形づくっていると言えます。一方でホルクハイマーはショーペンハウアーの思想への愛着を生涯有していましたが、その場合のショーペンハウアーもまた、たんなるペシミスティックな厭世《えんせい》思想家ではなく、コスモポリタンな市民哲学者という側面をそなえていたのでした。

機関誌『社会研究誌』の創刊

ホルクハイマーが所長就任講演を行なった翌年の一九三二年、グリューンベルクを編者としていた雑誌『社会主義および労働運動の歴史研究』と入れ代わる形で、社会研究所を編者として『社会研究誌』が新たに創刊されます。年三回の発行を基本とする、社会研究所の機関誌です。のちに『権威と家族に関する研究』（一九三六年）、『権威主義的パーソナリティ』（一九五〇年）という大部な研究に結実する共同研究をのぞけば、この『社会研究誌』の発行が社会研究所の事業の重要な柱となります。実際ここには、ホルクハイマー、アドルノはもとより、フロム、ベンヤミン、マルクーゼらの重要な論考が掲載されてゆきます。第一号と第二号の合併号としてライプツィヒの出版社から発行された創刊号の内容は以下のとおりです。

ホルクハイマー「序言」
ホルクハイマー「科学と恐慌に関する覚書」
ポロック「資本主義の現状と計画経済的新編成の見通し」
フロム「分析的社会心理学の方法と課題について」
グロスマン「マルクスにおける価値 - 価格の転換と恐慌問題」
レーヴェンタール「文学の社会的位置について」
アドルノ「音楽の社会的位置について〔I〕」
ホルクハイマー「歴史と心理学」

これにくわえて、巻末には、「哲学」「一般社会学」「心理学」「社会運動と社会政策」「個別社会学」「経済学」「文芸」の各部門別に、膨大な数の書評が掲載されています。

ホルクハイマーの所長就任講演では、（1）社会の経済的生活、（2）諸個人の心理的な発達、（3）狭義の文化の領域における変化、これらの三つの結びつきの探究が表明されていましたが、それらの結びつきとまではいかないまでも、まさしくその三つの領域が創刊号では十分カバーされていることがよく分かります。とりわけ(1)と(2)の結びつきを綱領的な形で示しているのがフロムの論文です。フロムについては次章で主題的に論じますが、フランクフルト学派の出発点におけるフロムの重要性は、この点からしても明らかです。

創刊号の執筆者のうち、グロスマンとレーヴェンタールはこの本ではあまり登場することのない名前です。一八八一年に生まれたグロスマンは他の研究所のメンバーよりも世代的にうえで、思想的にも個人的にもグリューンベルクに近い正統派のマルクス主義者であって、その後のフランクフルト学派の流れのなかでは目立った位置を占めることはありませんでした。一方レーヴェンタールは一九〇〇年、フロムと同じ年にユダヤ系の家庭に生まれ、フロムと旧知のあいだがらでもありました。彼は文芸社会学者として、これ以降も『社会研究誌』に論考を発表してゆきます。そして、アメリカ合衆国への亡命ののち、ドイツに帰国することなく、合衆国にとどまることになります。

ナチスの台頭と社会研究所の「亡命」

こうして、一九三〇年に研究所の所長にホルクハイマーが就任し、一九三二年には『社会研究誌』が創刊され、社会研究所はホルクハイマーを中心に新たな歩みを開始したのですが、研究所はすぐさま大きな困難に直面することになりました。ヒトラーを指導者とするナチスの台頭です。経済的に不安定きわまりなかったワイマール共和国は、一九二九年にアメリカ合衆国に端を発した世界恐慌によって、最終的な打撃をあたえられました。困難な状況のなかで、社会民主党とナチス（国民社会主義ドイツ労働者党）が勢力を争うようになっていましたが、一九三二年七月の総選挙で、ユダヤ人排斥を公然と掲げるナチスがとうとう第一党となります。ヒトラーは入閣の誘いを拒否し、あくまで首相の座をもとめました。このときワイマール共和国の政治はもはや機能不全に陥っていました。一九三三年一月三〇日、当時の大統領ヒンデンブルクはヒトラーを首相に任命し、ヒトラーは合法的に政権を獲得することになります。

しかし、まだその時点では、ナチスは議会内でけっして絶対多数を獲得していたわけではありませんでした。ナチスと国家国民党からなる政権党の議席数二四八に対して、野党勢力は合わせて三三六議席を保持していました。しかし、約一ヵ月後の二月二七日に起こった国会議事堂放火事件を口実として、ヒトラーは共産党員をはじめ反対派を逮捕して排除してゆきます。事実上首相ヒトラーに独裁を認める「全権委任法」が三月二三日に提出され、賛成四四一、反対九四という圧倒的な数字で可決されてしまいます（この時点で、共産党議員はすべて議席を剝奪されていました）。

このような状況は、すぐさま社会研究所にもおよびました。一九三三年三月の時点で、早くも社会研究所は閉鎖され、研究所の図書室に収められていた六万冊の蔵書も押収されてしまいます。これは、社会研究所がユダヤ系でかつマルクス主義者の巣窟《そうくつ》としてナチスの側からはっきりとマークされていたことを物語っています。ホルクハイマー自身、一九三三年四月にはフランクフルト大学の教授職を解任されてしまいます。それに先立って二月にホルクハイマーはジュネーヴに住居を移していましたが、一九三四年にはさらにニューヨークへ移住します。ニューヨークのコロンビア大学が「社会研究所」の受け入れ先として名乗りを上げてくれたからでした。

こうして、ホルクハイマーとともに社会研究所自体も、フランクフルトからジュネーヴへ、さらにはニューヨークへと本拠を移すことになります。『社会研究誌』の発行もライプツィヒではもはや不可能となりました。『社会研究誌』は第二巻第二号にあたる一九三三年九月発行の号からは、パリの出版社から刊行される形になりました。

アフォリズム集『薄明』の出版

本章の最後につけくわえておきますと、ホルクハイマーやアドルノ、さらにベンヤミンらは、たんに哲学や文学、社会学の研究を志すだけでなく、若いころから創作にも手を染めていました。アドルノは音楽の作曲を、ホルクハイマーは短篇小説の執筆を、ベンヤミンはソネット形式での詩作を継続したりしていました。

ホルクハイマーが短篇小説を盛んに書いていたのは、第一次世界大戦中でした。日本ではその何篇かを集めてドイツ語中級の教科書も作られていて、私は授業で使ったことがあります。とくに「愛」と題された作品をよくおぼえています。厳格なブルジョワ家庭の息子が父親と葛藤しながら抱く、芸術（音楽）と少女への愛を描いたものでした。文体は自然主義ではなく、当時流行していた表現主義的なスタイルでした。さらにホルクハイマーは、一九二六年から一九三一年にかけてたくさんのアフォリズム的な文章を書きとめ、一九三四年に『薄明』と題して出版します。その冒頭の「薄明」と題されたアフォリズムはつぎのように結ばれています。

ヨーロッパ列強の帝国主義は、中世が薪の山をもっていたからといって、中世を羨んだりしない。帝国主義のさまざまなシンボルは、中世の教会にいた聖人たちよりもずっと洗練された装置とはるかに恐るべき武器で装備した衛兵たちによって守られているのだから。異端審問の敵対者たちは当時の薄明を夜明けへと転じた。資本主義の薄明も、こんにち人類を脅かしていると見える、夜を招き入れるとはかぎらない。（ホルクハイマー『薄明』）

「薄明」と訳している言葉の原語は「デメルング」(Dämmerung)で、この言葉は夜明け前の薄明と夜が訪れる前の薄明の両方を指します。日本語で「薄明」というと夜明け前の印象が強いので、「薄闇」とでもすべきかもしれません。ちなみに、ワーグナーの楽劇『神々の黄昏』(初演一八七六年)の原題は「ゲッターデメルング」(Götterdämmerung)です。一方、表現主義の詩を集めた、当時よく読まれたアンソロジーは『人類の薄明』(一九一九年)というタイトルで日本では紹介されてきましたが、こちらの原題は「メンシュハイツデメルング」(Menschheitsdämmerung)です。ホルクハイマーのアフォリズムのタイトルはこういう文脈で付けられたのだと思われます。

いずれにしろ、先の引用のなかでホルクハイマーは、中世から近代への移行に重ねて、帝国主義の時代の「薄明」が人類の夜ではなく、夜明けを導く可能性にかすかな期待を寄せています。このアフォリズム自体が書かれたのは一九三一年までの時期でした。しかし、これを書物の形で一九三四年にようやく出版したとき、ホルクハイマーはハインリヒ・レギウスという偽名を用いる必要がありました。もちろん、すでにナチスの支配がはじまっていたからです。さらに、資本主義の「薄明」は、ホルクハイマーの期待に反して、ナチスをつうじてホロコーストというまさしく「人類の夜」を導きいれることになります。

第2章 「批判理論」の成立──初期のフロムとホルクハイマー

ナチスの台頭によって、社会研究所はジュネーヴを経て、ニューヨークに「亡命」することになりました。もちろん、社会研究所に関わるひとびともそれぞれの形で困難な亡命生活に入ることになります。しかしそのなかで、のちのフランクフルト学派の基礎となる重要な研究が発表されてゆきました。本章ではその成果を、(1) マルクスとフロイトの統合、(2) 批判理論の定式化、という二点を中心にして、紹介したいと思います。(1) についてはフロムが、(2) についてはあらためてホルクハイマーが中心となります。

マルクスとフロイトはともに二〇世紀の思想に大きな影響をあたえましたが、両者は一見、水と油のように異なった思想家です。まず簡単に両者の思想を私なりに紹介しておきます。

マルクスの思想

マルクスは、個人の内面とは無関係に展開されてゆく歴史の運動法則を、とりわけ資本の動きに焦点を置いて追究しました。そして、資本のたえざる拡大をもとめる資本主義社会は、それに固有の法則にしたがって自壊してゆく、というのがマルクスの捉え方です。中世から近代にかけて封建社会から近代社会へと体制が移行したように、近代の資本主義社会は恐慌と革命によって、社会主義、さらには共産主義という新たな段階へと発展的に移行してゆく。それがマルクスの歴史の見取り図です。

その際マルクスは、生産力と生産関係の矛盾という姿のうちに、その歴史のダイナミズムを理解しようとしました。たとえば、領主がすべての土地と生産手段を所有している封建的な生産関係（所有関係）のもとでは、封建社会のなかで増大してゆく生産力を活かしきることができません。封建社会でも貨幣経済の浸透につれて商人や工場主が次第に力を増大させてゆきましたが、領主はいつでも租税率などをあげることができましたし、ひどい場合にはひとびとの財産を丸ごと没収することだってできました。これでは誰も利益をあげる努力をしません。個々の市民ではなく、あくまで領主や王が全権を掌握している体制では、生産力の増大が社会の全体的な発展につながりません。封建領主や王の恣意ではなく、たがいに取り決めた約束（憲法）によって社会は維持されねばなりません。ここに市民革命が成立した、と考えるわけです。

同じことが同時代の市民社会にも生じている、とマルクスは考えました。一部の巨大な富をもつ市民が生産手段（工場と機械）を所有している状態では、その市民社会のなかで発展してきた生産力をふたたび活かしきれなくなる。資本（生産手段）を所有している一部のひとびとは、その資本の拡大だけをめざします。したがって、自分の所有している資本の拡大をもたらさないならば、それを必要とするひとびとがどれだけいようとも、生産物を廃棄することがそのひとびとにとっては合理的な選択である、ということになります。生産手段を一部の市民が所有しているというあり方は、生産力の発展を促すのではなく、いまではそれを阻む要因へと転化してしまっている。それを打破して、生産手段を全人民のものへと移行させなければならない……。

その新たな所有形態がどういうものか、具体的に思い描くのは現実には困難である、ということがありました。結果として、ソ連や中国をはじめとした社会主義体制では、新たに国家がすべての土地と生産手段を所有する、という形にしかなりませんでした。新たな国家官僚（共産党の首脳部）がまるでかつての封建領主に取って代わったかのような状態……。私たちの時代の視点からすれば、それはいっそう抑圧的な体制となりました。しかし、一部の巨大資本の所有者が自らの資本の拡大だけをめざしていいのか、という根本的な問題は、相変わらず残っています。グローバル企業が自己の利益だけをもとめてやりたい放題の現状を見れば、私たちはマルクスの問題提起をけっして忘れ去ることはできません。

ともあれ、そういう新たな社会主義体制ないし共産主義体制への移行を考えるうえで、マルクスは、プロレタリアートという階級が増大し、社会は最終的に一部のブルジョワ階級と大多数のプロレタリアートへと二極化すると考えていました。貨幣経済が全面的に浸透し、分業が発達した近代社会では、どのような必需品であれ、貨幣との交換によってしか私たちは通常、手に入れることができません。貨幣を手に入れるためには、まず私たちは何かを売らなければなりません。プロレタリアートとは、自分の労働力以外、何ひとつ売るべきものを所有していないひとびとのことです。そういうプロレタリアートが資本制社会の不条理を見とおしたうえで、経済恐慌に直面して立ち上がり、国際的な連帯をつうじて世界革命が実現する……。それがマルクスの描いていたヴィジョンです。

フロイトの思想

一方「精神分析」の創始者であるフロイトは、個人の振る舞いを何よりも無意識との関係で捉えました。人間が何かの行為に向かう際、当人が明確に意識している動機ではなく、無意識へと抑圧された動機にしたがっている場合がしばしばある、と彼は考えます。たとえば、子どもが別の子どもに嫌がらせをする場合、相手のことが嫌いでそうしているつもりであっても、じつは心の底では相手に好意を抱いていて、その好意を自分では認めることができずに抑圧して嫌がらせとして発露させている、というのはよくあることです。その場合、嫌がらせをしている子どもの真の動機は、深層に存在している好意という無意識のレベルにまで下降しないと理解できない、ということになります。もちろん、同じメカニズムは大人でも働いていると言えます。

フロイトはその際、リビドーと彼が呼ぶエネルギーを人間の原動力として捉え、基本的にその充足をもとめる存在として人間を捉えます。リビドーというと「性本能」という意味合いで捉えられることが多いのですが、もっと広く生命力のような形で理解すべきだと思います。動物の場合はその生命力と本能がほぼイコールですが、人間の場合はいったんそのリビドーの発露を我慢してリビドー・エネルギーを蓄積することができます。人間が文化や文明を発展させることができたのは、リビドーを単純に充足させずに、そこに新たな間接的な充足形態を持ち込んだからでした（たとえば、食べ物を生のまま食べずに、いったん我慢して料理したあとで味わう）。しかし、逆に言うと、人間はいつもリビドーの充足を先送りしている状態で、リビドーが満たされない不満足感を抱えていることになります。文化・文明が発展すればするほどリビドーの自然な発露は阻害されることにもなります。その点で、フロイトは歴史の発展に対して、マルクスとは異なって、ペシミスティックな態度を基本的に維持しています。

フロイトの精神分析は元来、精神疾患の患者の治療を目的としていました。フロイトの考えでは、精神的な病《やまい》の根源にもリビドーの蓄積と放出のメカニズムが働いています。フロイトが多く治療の対象としていたのは、神経症の患者でした。神経症の患者が日常生活の妨げになるぐらい不合理な行為を繰り返す場合、患者はその不合理な行為に自分のリビドーをたえず向けていることになります。なぜそこにリビドーが向けられるのか、それを確かめるためには、その行為を患者の無意識との関係で捉える必要がある、とフロイトは考えました。その際フロイトは、患者の意識的な抑圧が働きにくい状態での心の動きに着目しました。そこで、夢の分析がだいじになりましたし、患者に自由に話させる自由連想法という方法も編み出されてゆきました。

その場合、夢は願望充足である、というのがフロイトの夢解釈の基本です。夢のなかでも意識はたえず検閲を行なっていて、夢に出てくる場面や物語はそのままで当人の願望を示してはいません。しかし、その夢の巧みな分析をつうじて、覚醒した状態では到達できない「願望」に行き着くことができるとフロイトは考えました。また、患者が思いつくことをつぎつぎと述べてゆく自由連想法では、患者がその連想を途絶させたり、抑圧したりするところに、かえってだいじな要素が潜んでいるとフロイトは見なしました。これは言うに値しないことだと患者が不意に口ごもったり、沈黙したりするところにこそ、その症例の謎を解く鍵が隠れていると考えたのです。

フロイトはこのような臨床体験から、数々の興味深い人間理解を提示してゆきました。「サディズム」や「マゾヒズム」、「ナルシシズム」や「エディプス・コンプレクス」など、すでに私たちにおなじみの言葉もフロイトによる強調や命名に由来していますし、さらには「原父殺し」、「死の欲動」といった一見不可解な概念まで、フロイトは指し示すことになりました。あらゆる共同体の出発点にはその共同体の「父」に相当する者に対する殺戮《さつりく》があったとか、人間もふくめてあらゆる生命体は根源的に死への欲動を抱えているなどというのです。常識的な見方からすれば奇妙とも奇怪とも思われかねないフロイトの思想はしかし、二〇世紀の初頭から、たんに精神病の治療という領域を超えて、文学、哲学、政治学など、さらには広く文化一般に大きな影響をおよぼすことになります。

貴重なフロムの位置

さて、以上のようなマルクスとフロイトの、一見異質な思想を統合すること、少なくともそれを試みることが、フランクフルト学派のだいじな成果のひとつになります。それを初期に率先して、新たな社会心理学として推し進めたのがフロムでした。フロムが世界的に著名になるのは一九四一年にアメリカ合衆国で『自由からの逃走』が刊行され、ベストセラーになったときでした。それは、新たな社会心理学の視点でファシズムをいち早く批判的に分析した著作として、広くひとびとに受け入れられました。しかし、『自由からの逃走』が刊行された時点で、すでにフロムはフランクフルト学派とは袂《たもと》を分かっていました。それ以降、フロムは膨大な著作を刊行してゆきます。ですから、フロムが初期のフランクフルト学派のメンバーとして語られることさえ稀《まれ》になってしまいました。しかし元来、マルクス主義への強い関心に彩られていたフランクフルト学派のなかにフロイトの思想を導入するうえで、フロムの果たした役割はまことに大きなものがありました。

エーリヒ・フロム（Erich Fromm）は一九〇〇年、フランクフルトの敬虔《けいけん》なユダヤ教徒の家庭に生まれました。フロムは、大半がキリスト教社会になじんだ同化ユダヤ人からなるフランクフルト学派のなかにあって、正統的なユダヤ教に幼いころからいちばん身近に接していました。とりわけ、旧約聖書の預言者の書に惹《ひ》かれてきたと彼は自伝的な著書『疑惑と行動』（一九六二年、原題「幻想の鎖を越えて」）のなかで語っています。この本は副題に「マルクスとフロイトとわたくし」とあって、フロムが理解していたマルクスとフロイト、そして両者の統合について、丁寧かつ平易に描いたもので、フロムの数ある著作のなかでも、優れた一冊です。

それによると、フロムがフロイトに惹かれた理由のひとつに、一二歳のときの体験があったといいます。彼の家族が親しくしていた画家がいました。二五歳くらいの、美しい女性でした。そのひとは妻（その女性の母親）を亡くした父親につきっきりでしたが、その父親が亡くなったとき、父と一緒に埋葬してほしいという遺書を残して自殺してしまいました。その女性の不可解な行動がフロムの意識にこびりつき、のちにフロイトの思想に接したとき、あの女性の謎のような振る舞いを解く鍵がここにある、と彼は強く打たれたのだといいます。

フロム

フロムは自ら精神分析を受けるとともに、精神分析の訓練を受けて、一九二六年からは実際に精神分析の臨床に携わりはじめます。フランクフルト学派のなかで実際に精神分析の臨床体験を積んだのはフロムだけです。

一方、マルクスについてフロムは、同じく『疑惑と行動』のなかで、預言者の書とのつながりを回顧しています。旧約聖書の預言者の書のなかで、とりわけフロムが惹かれたのはイザヤ、アモス、ホセアの書でした。そこには、諸国民が同胞として平和に暮らす「終わりの日」が告知されていました。「反ユダヤ主義」の風潮も身近に感じていた少年のフロムにとって、それらの預言者の書が説く、諸国民が同胞として平和のうちに暮らす未来社会のイメージは、限りない魅力を放っていました。しかし、その後彼が直面したのは、ナショナリズムに煽《あお》り立てられた世界戦争（第一次世界大戦）の勃発でした。一四歳の彼が目にしたのは、教師もふくめて周囲のひとびとが戦争ヒステリーに熱中する無残な姿でした。その戦争は一九一八年まで続きました。一四歳から一八歳にかけてのもっとも多感な時期、フロムは第一次世界大戦の進展とともに過ごしていたことになります。そして、戦争というこの不合理な社会現象を解く鍵をフロムはマルクスに見出《みいだ》したのでした。

個人の示す一見不可解な行動、社会の呈している戦争という明らかな病理現象、このふたつを解明すべく、若いフロムは全力をあげてフロイトとマルクスの学習を重ねました。そのようなフロムは、フランクフルト学派のなかでマルクスとフロイトの思想統合を成し遂げてゆくうえで、きわめて貴重な位置にあったと言えます。

フロイトとマルクスの統合に向けて

では、実際にフロムはどのような形でマルクスとフロイトの統合をめざしたのでしょうか。これについてはやはり、『社会研究誌』に発表された論文にそくして考えるのが、フランクフルト学派の歩みを理解するうえでは、適切でしょう。ここでは創刊号に掲載された「分析的社会心理学の方法と課題について」と題されたフロムの論考を見ておきます。これはのちに「精神分析と史的唯物論に関するノート」という副題を新たに付して、『精神分析の危機』というフロムの著書に収録されています（原書一九七〇年）。

まずタイトルにある「分析的社会心理学」とは、精神分析にもとづく社会心理学の意味です。社会心理学自体はすでに一九世紀の終わりから論じられていました。フランスの思想家ル・ボンの『群衆心理』が一八九五年に刊行され、社会心理学の先駆的業績とされています。フロイト自身、このル・ボンの著作を踏まえ、精神分析を社会心理学へと拡張することを提案していました。実際、『トーテムとタブー』（初版一九一三年）から『文化の中の居心地悪さ』（同一九三〇年）などを経て、一九三九年の死にいたるまで、最晩年のフロイトは一連の文化論・社会論を発表することになります。背景にはやはり、戦争をつうじてフロイトが生々しく感じざるをえなかった、人間の攻撃性や破壊衝動の解明という課題がありました。そのフロイトとフロムの大きな違いはもちろん、フロムの場合はマルクスの思想を持ち込むという大胆な試みに向かったところにあります。

精神分析とマルクスの思想を統合する意義

なぜフロイトの精神分析にそれとは異質なマルクスの思想を導入する必要があるのでしょうか。フロムは、精神分析の研究者たちがおしなべて、資本主義社会を絶対視していて、社会それ自体の変容可能性を視野に入れていない、と指摘します。精神分析は、家族や集団が個人の心理におよぼす影響を十分考慮に入れていたとしても、その社会や家族そのものが根本的に変容しうるものであることを想定していない、という批判です。フロムはその際、その背景として、精神分析の研究者もその臨床の対象となった患者も、ブルジョワ階級に属するひとびとであって、ブルジョワ社会とその家父長的な家族を「正常なもの」と見なしている、と指摘します。

そして、そういう態度は、「エディプス・コンプレクス」を絶対視しているところにもうかがえる、と彼はフロイト批判にも踏み込みます。母を独占するために息子は父に対してひそかな殺意を抱いているとするエディプス・コンプレクスはフロイトの中心思想のひとつですから、これは正統派のフロイト受容からはすでに逸脱していることになります。フロムは、この論文の注でフロイトの「死の欲動」にもすでに距離を置いています。これは、フロムのフロイトに対する自由なスタンスをうかがわせるところでもあれば、のちにアドルノらから「修正主義」と批判されるところでもあります。

一方で、精神分析の立場を組み込むことで、マルクスの思想もまた新たな可能性を獲得する、というのがフロムの考えです。たとえば、ルカーチは第１章で見たとおり、プロレタリア階級が正しい階級意識を必ずしももたないという事態に直面して、党による階級意識の注入が必要だと考えました。実際、最下層のひとびとが社会的に成功した上層階級の思想を支持するということは、しばしば見られることです。なぜ支配階級のイデオロギーを支配されているひとびとが支持してしまうのか。この問題にフロイトの精神分析からのアプローチが有効である、とフロムは指摘します。

マルクスは経済的な状況（下部構造）が人間の意識や文化（上部構造）を規定すると繰り返し主張しています。しかしその際、具体的にどのような形でその「規定」がなされるのか、踏み込んだ分析をマルクスはしていません。その点で、精神分析が個人の発達過程にそくして提示した人間理解は大きな寄与を果たしうる、とフロムは考えたのです。また、個人が最初にイデオロギーを身につけるうえで家庭はとても重要な位置を占めています。この点からも、父－母－子という関係をつうじて自我や意識の形成過程の解明に取り組んだ精神分析は、マルクスの思想を豊かにしうると考えられます。これ以降、フランクフルト学派の研究のなかでファシズムを支える基盤となる諸個人の「権威主義的性格」の解明が大きなテーマとなりますが、それもこのフロムの論考によって方向が示されたものと言えます。

さらに、素朴とも実直とも言えるフロイトのマルクスへの応用の仕方がフロムにはあります。近代の資本主義社会において、各個人は「利益追求の本能」に衝《つ》き動かされているとされますし、私たちは現在もそのように理解しているところがあります。しかし、フロイトのリビドー論にもとづけば、その個人は元来、ナルシシズムの願望に衝き動かされていると見なすことができます。フロイトによれば、ナルシシズムとはリビドーを他者ではなく自分自身に向けるあり方にほかなりません。そして、そのナルシシズムを満たす方法が近代社会では「利益追求」という形態を取っているに過ぎない、と考えることができます。逆に言えば、他人のために尽くすことが何よりも高く評価されるような社会では、ナルシシズムはそういう行為をつうじてこそ満たされるのであって、そういう社会では、もはや利益追求は重要でなくなると考えることができます。

つまり、フロイトの発想を持ち込むことで、近代社会における人間の、深層に沈んでいる動機と表層に見えている動機を、私たちは区別することができるのであって、その深層に照らせば、別の社会を構築するための動機を私たちは明示的に設定することも可能である、ということになります。

社会のリビドー構造の分析

こうしてフロムはフロイトが個人にそくして語った「リビドー」を、社会そのものに適用します。社会そのものが抱えているリビドーがどのように蓄積されたり、放出されたりしているか、そのメカニズムを解明しようというわけです。崩壊してもおかしくない社会体制がなぜ強固に維持されているのか、少数の支配者がなぜ多数の被支配者を獲得することができるのか、そこではイデオロギーがどのように形成されているのか。こういったマルクスの思想にとって本来不可欠の課題を解く貴重な手がかりを、精神分析は提供してくれている。これがフロムの考えです。このような視点で捉えられた社会変革の可能性をフロムは力強くこう説いています(引用は一九七〇年に刊行された英語版の論集からの日本語訳ですが、『社会研究誌』創刊号のドイツ語版に照らしても、ほぼこのままです)。

社会の内部に客観的な矛盾や葛藤が増大し、その解体傾向が次第にあらわになるようなときには、社会のリビドー的構造にもある変化が生じてくる。社会の安定を保っていた伝統的なきずなは消失し、伝統的な情緒的態度には変化が現われてくる。リビドーのエネルギーは新たな水路に向けて解放され、したがってその社会的な機能も変化する。そのエネルギーはもはや社会の体制維持には役立たず、新しい社会の形成と発展に貢献するようになる。それは「セメント」であることを止め、ダイナマイトに転ずるのである。

（フロム『精神分析の危機』）

当時フロムがめざしていた方向がよくうかがえる一節です。社会のリビドー・エネルギーが、抑圧的な体制を維持する「セメント」というあり方から、それを破壊する「ダイナマイト」へと転化する、という事態を見据えること――。とはいえ、この論文はあくまで綱領的なプログラムであって、実際にフロイトとマルクスを統合した理論を背景にして社会調査を行なって、当該の社会で働いているリビドーの配置とメカニズムを分析することは容易ではありません。

しかし、フロムは社会研究所が一九二九年に開始した最初のアンケート調査で中心的な役割を果たしました。研究所が「亡命」にいたる前に、約三〇〇〇枚におよぶアンケート用紙がドイツの労働者に配られ、さらに面接調査が行なわれ、労働者の意識調査が試みられました。それはホルクハイマーが所長就任講演の後半で表明していた熟練労働者とホワイトカラーにそくした経験的調査の具体化であって、フロムはそれを中心になって担いました。しかし、残念なことにその調査結果は公表されませんでした。ホルクハイマーをはじめ、研究所の他のメンバーが調査の公表に積極的でなく、研究所はその成果を宙吊りにしたまま、その一部を組み込みつつも、ヨーロッパの各国を対象とした新たな共同研究『権威と家族に関する研究』に向かうことになります。

研究所と訣別するフロム

『権威と家族に関する研究』は、第一部、第二部、第三部からなる、本文のみで九三〇ページを超える大部なものとして結実しました。それは、社会研究所の五年間にわたる共同研究の成果として一九三六年にパリの出版社から刊行されました。その第一部、理論篇の「社会心理学部門」に、フロムは長い論文を執筆します。「権威と家族」というタイトルで日本語訳が刊行されているものです。しかし、一九三七年に論文「無力感について」を『社会研究誌』に発表したあと、フロムは社会研究所と訣別《けつべつ》することになります。経験的調査の評価とフロイト理解をめぐって、フロムとホルクハイマー、さらにはその背後にいたアドルノらとのあいだに齟齬《そご》を来《きた》したことが原因と考えられています。

フロムはフロイトを評価するうえでも、かなり良識的とも言える距離を置いていました。彼は「エディプス・コンプレクス」を絶対視することがありませんでしたし、フロイトが『快原理の彼岸』（一九二〇年）から明瞭に打ち出す「死の欲動」という考えにも批判的でした。これに対して、ホルクハイマーとアドルノは物足りなさを感じていました。とりわけアドルノはのちに「精神分析においては誇張こそが真実である」（アドルノ『ミニマ・モラリア』）という名文句を吐くことになります。これはフロムの良識的なフロイト理解を標的にしたアフォリズムと読むことが可能です。しかし、フロイトにいち早く取り組み、精神科医としての臨床体験も重ねてきたフロムからすれば、こういうアドルノ的なフロイト理解は逆にきわめて浅薄なものと見えたに違いありません。

フロイトに一定の距離を置いた理解を示したのと同様に、フロムはマルクスについても徹底してヒューマニスティックな立場で解釈してゆきます。ここで見てきた論考の時点では初期マルクスの『パリ草稿』（日本ではずっと『経済学・哲学草稿』と呼ばれてきたもの）はまだ公開されていませんでしたので、当初のフロムはマルクスとエンゲルスの共著『ドイツ・イデオロギー』に主として依拠しています。しかし、その時点ですでにフロムのマルクス解釈は『パリ草稿』ときわめて親和性の高いものでした。一九三二年に『パリ草稿』が公開されて以降は、フロムは『パリ草稿』のヒューマニスティックな疎外論的マルクスに「哲学者マルクス」の真髄を見るようになります。こういうフロムのマルクス理解も、アドルノやホルクハイマーには物足りない印象をあたえたかもしれません。

とはいえ、一時期日本でも盛んに唱えられた、初期の疎外論的マルクスと後期の物象化論にもとづくマルクスを峻別《しゅんべつ》する理解は、きわめて一面的です。素直に読めば『資本論』のマルクスにも疎外論的な発想は十分生きつづけています。その点からしても、フロムのヒューマニスティックなマルクス理解は簡単に否定されるべきものではありません。

長らくお蔵入りになっていた、フロムが主導的な役割を果たしたあの最初のアンケートと面接調査の成果が公表されたのは、じつに約五〇年後の一九八〇年、フロムが死去する年のことでした。ウォルフガング・ボンスというひとが生前のフロムと相談しながらフロムの手元にあった資料を編集したものですが、本の刊行自体はフロムの死に間に合わず、没後の出版となりました。いずれにしろ、合衆国への亡命、さらにはメキシコへの移住という期間をつうじて、五〇年も前の調査ファイルを、フロムはずっとたずさえていたことになります。これは『ワイマールからヒトラーへ――第二次大戦前のドイツの労働者とホワイトカラー』というタイトルで日本語訳が刊行されています。

フランクフルト学派の思想家として見た場合のフロムは、世界的に著名になった分、いささか軽く見られている印象があります。アドルノらからの批判は批判として、独自な思想家としてのフロムがもっと強調されてしかるべきだという気がします。

ホルクハイマーの「批判理論」

「批判理論」はのちにフランクフルト学派の思想の代名詞ともなりますが、元来は一九三〇年代のホルクハイマーの思想、さらに限定して言うと、一九三七年に『社会研究誌』第六巻第二号巻頭に掲載された、ホルクハイマーの長大な論文「伝統的理論と批判的理論」に由来しています。この時点では「批判的」という形容詞はドイツ語ではまだ小文字で書かれていましたが、戦後には大文字で表記されて、いわば固有名詞のような扱いになります。日本語でも「批判的理論」ではなく「批判理論」と訳すのがふさわしくなります。ここでは、ややまどろっこしいですが、「伝統的理論」との対照性という点でも、「批判的理論」でとおすことにします。

この論文は日本では、哲学者の久野収《くのおさむ》の訳で比較的早くから——といっても、一九七三年にホルクハイマーが没した直後ですが——親しまれてきました。久野収は、『社会研究誌』を日本においてリアルタイムで読んでいた貴重なひとです。また、この論文の新たな翻訳も出版されています。とても難解な論文ですが、幸いなことに優れた解説がいくつかあります。それらも参照しながら、できるだけ私なりに嚙《か》み砕いて紹介したいと思います。

この論考でホルクハイマーは、自らが掲げる立場を、論文タイトルにあるとおり、「伝統的理論」に対して「批判的理論」と呼びます。つまり、伝統的理論と対照させる形で、彼が批判的理論と呼ぶものを特徴づけています。その際、ホルクハイマーが伝統的理論のモデルと考えているのはデカルトです。それに対して、彼が批判的理論のモデルと考えているのはマルクスです。まずは、伝統的理論をホルクハイマーがどのように特徴づけているかを見てみましょう。

伝統的理論

ホルクハイマーによれば、デカルトを典型とする伝統的理論は、命題を矛盾なく整合的に提示することを、自らの真理の証《あかし》とします。その点で、デカルトから二〇世紀のフッサールにいたるまで、基本的に同一である、と彼は見なします。ひとつの原理から演繹《えんえき》的に展開される思想であれ、個別の事象の観察を収集してそこから帰納的に展開される思想であれ、理論のなかから矛盾を一掃することをめざす点では、変わりありません。その理論のなかに矛盾が存在することは、その理論の致命的な過ちと見なされます。その一点において、自然科学も、人間や社会を対象とする人文科学も異ならず、伝統的理論を体現していると彼は考えます。

また、伝統的理論の前提となっているのは、主観と客観の分離を前提とした二元論です。伝統的理論においては、客観は所与の形で主観の認識に先立って存在していて、それを主観が正確に受容することで認識が成立すると考えられます。もちろん、自然科学はさまざまな実験によって客体に働きかけ介入するわけですが、実験をする人間の側と実験される対象はあくまで別物です。たとえば、心理学的な実験や観察をつうじて、人間が人間を対象としている場合であっても、実験や観察を行なう人間が主体であるのに対して、実験や観察の対象となっている人間はあくまで客体として構成されています。

さらに、伝統的理論はさまざまな学問や科学に分化して存在してもいますが、それぞれの個別的な学問や科学は、総体としての社会のなかに自分を位置づけることができません。ここでホルクハイマーは「学問経営」という、ニーチェ、ウェーバーに由来する、いささか辛《しん》辣《らつ》な表現を用いています。いわば社会という一大企業の、個別部門のような形に各学問は分化していて、それぞれの個別領域での発見と技術開発にその役割は限定されている、ということです。それぞれの専門分野で観察や実験が重ねられ、仮説が立てられ、ふたたび観察や実験をつうじて、その仮説が検証されたり、改められたりといったことが繰り返されますが、そもそも自分たちの行なっていることに意味はあるのか、という根本的な問いはそこでは生じようがありません。

このような伝統的理論は総じて、現存している社会のあり方を所与として受け入れることによって、じつはその社会のあり方をイデオロギー的に支えている。それがホルクハイマーの考える伝統的理論の究極の姿です。

カントにおける暗いもの

ホルクハイマーは以上のような伝統的理論と彼が提唱する批判的理論の分岐点にカントの思想を位置づけています。ホルクハイマー、さらにはアドルノなどの哲学的テクストの読み方をよく示している箇所ですので、批判的理論の説明に入るまえに、この点も紹介しておきたいと思います。

カントが一方で優れた社会哲学者でもあったということは、いま日本でもカントの著作のなかでいちばん読まれていると思われる『永遠平和のために』を一瞥《いちべつ》しても明らかです。しかし、ホルクハイマーはここで一見そういう目立ったカントの社会哲学的な著作ではなく、『純粋理性批判』というある意味でもっとも社会的な問題から遠いと思われる著作に、カントの社会認識、少なくともその痕跡を読み取ろうとします。

カントは『純粋理性批判』において、人間の認識のあり方を感性と悟性の二段階で考えます。感性が対象を受容して、それを悟性が概念の形式の網で捉えなおす。それがカントの考えた人間の認識の仕方です。その際、感性は受動的だが悟性は能動的である、とカントは述べます。しかし、受動的な感性と能動的な悟性が実際にどのように結びついているのかは、カントにとっても難問でした。カントはさしあたり感性のそなえる受動性と悟性のそなえる能動性をあわせもった「構想力」というものを想定しました。しかし、カントはまさしく、感性と悟性を結びつけるその構想力の働き、彼が「図式機能」と呼ぶものを明確にすべきところで、口ごもるようにしてこう語っています。

諸現象とそれらのたんなる形式とに関する私たちの悟性のこうした図式機能は、私たち人間の魂の深みにおけるある隠された技術であって、この技術の真の手練を私たちが自然からいつか察知して、それをあからさまに明らかにすることは困難であろう。

（カント『純粋理性批判』）

私たちに身近なところでは、三木清《みききよし》が『構想力の論理』の終わりで、まさしくカントのこの一節を引きながら、カントの『判断力批判』と結びつける悪戦苦闘を展開しています。三木がその部分を書いて雑誌『思想』に連載していたのは一九四二年から一九四三年にかけてですから、ホルクハイマーがこの論文を執筆していたのと時期的にも近かったことになります。ただし、三木清の場合はハイデガーのカント解釈に触発されていましたから、ホルクハイマーの読み方とは、大きなずれがあります。

ホルクハイマーは何よりも、カントのこの謎めいた構想力の主体を「社会」と名指すのです。カントの自律的な主体のさらに奥底、「人間の魂の深み」で働いているものこそじつは社会である。しかもその社会は、人間の解明を拒む暗い運命的な力を発揮している。だからこそ、カントは合理的な自分の認識論の核心部分に非合理な暗がりを抱えることになったのだ、というのがホルクハイマーの理解です。つぎの一節は、ホルクハイマー（とアドルノ）のテクスト読解の特徴をよく表わしていますので、すこし長く引用しておきます。

カント哲学の最高概念、とりわけ超越論的主観性としての自我、純粋な、もしくは根源的な統覚、意識自体といった概念に諸々の内的な困難がつきまとうという事実は、カントの思索の深さと誠実さとの証左なのである。〔……〕人間が社会のなかで共同することは、人間理性のあり方であり、人間はそういうふうに自分の力を使い、自己の本質を確証する。けれども同時にこの過程は、その結果も含めて、人間自身から疎外されており、その過程にともなう労働力や人命のあらゆる濫費《らんぴ》、戦争状態、まったく無意味な貧困とともに、人間にとって変えることのできない自然の威力、人間の力を超えた運命として現われる。カントの理論哲学、彼の認識分析は、この矛盾を内蔵している。

（ホルクハイマー『批判的理論の論理学』）

専門的なカント研究者からは牽強付会《けんきょうふかい》が過ぎるという批判が出るでしょうが、ホルクハイマーの関心は、伝統的なカントのテクストを現代の視点で批評的ないし批判的にどう読むか、にあります。そして、こういう読解方法は、アドルノも共有したうえで、『啓蒙の弁証法』にも引き継がれてゆきます。私自身は、たとえばルカーチの『歴史と階級意識』におけるカント読解（＝「ブルジョワ思想の二律背反」）が大鉈《おおなた》を振り下ろすような印象を否めないのに対して、ホルクハイマーやアドルノの、テクストの細部に目を凝らす、ここでのような読み方にとても惹《ひ》かれます。

批判的理論

それでは、ホルクハイマーの提唱する批判的理論の積極的な特徴を見てゆきましょう。伝統的理論と対照させるならば、批判的理論は命題が矛盾をもたないことを理論の真理の証とはしません。むしろ、自らが矛盾に貫かれた社会のなかに置かれていること、さらには自らの理論自体がそういう矛盾に満ちた社会の産物であることを徹底的に意識化します。ホルクハイマーが考える社会の矛盾は、さきのカント批評にもあったように、あくまで社会が個々の主体の織りなす行為によって作り上げられているにもかかわらず、総体としては独立した「運命」であるかのように存在しているところに由来しています。社会こそは、個々の主体を超越した大きな主体、個々の主体を有無を言わさずしたがわせる、現実の主体として存在している、ということです。

しかし、同時にそのような社会ないし現実は、あくまで人間の歴史が作り上げてきたものです。マルクスは人間の五感のひとつひとつが人類の歴史の労作であると鋭く指摘していますが、私たちがいま置かれている現実・社会のあり方もまた、長い歴史のなかで形づくられてきたものです。その社会のもつ矛盾を意識化したものが批判的理論であるかぎり、それは矛盾に貫かれた社会の自己意識という位置にあることになります。そして、批判的理論が矛盾に貫かれた社会の自己意識であるとき、その理論はもはや、伝統的理論が依拠していた主体と客体の二元論のうちにとどまることはできません。むしろ批判的理論にとって、社会は理論の客体であるとともに主体でもあるからです。

そのうえ、批判的理論は、伝統的理論のように、たんに現状を観察したり記述したりする位置にとどまることはできません。社会が総体として抱えている矛盾の廃棄という実践的関心に、批判的理論は導かれています。批判的理論は、個別的な科学や学問の成果を、この実践的関心のもとに集約してゆきます。そのとき、個別科学や学問は現状を維持するための道具ではなく、変革の梃子《てこ》としての役割を果たすことになります。

以上のことを力強く示した一節を少々長く引いておきましょう。

目下の形態での社会全体がもつ分裂的性格は、批判的な態度、振舞いをとる主体のもとでは、自覚的な矛盾にまで展開される。批判的主体は、現在の経済様式およびこれを基礎とする文化総体を、人間の労働の産物として、この時代に人間が自らに与え、自らなし得た組織化として、認識することによって、自分自身をこの全体と同一のものと見て、この全体を意志と理性として把握する。〔とはいえ〕その全体は主体自身の世界でありながら、同時に主体は、社会が人間外的な自然過程、単なるメカニズムに比せられるのを経験する。というのも闘争と抑圧に基づく文化諸形式は、ある統一的、自覚的な意志を証するものではないからである。この世界は、主体の世界ではなく、資本の世界なのである。

（同前。〔 〕内は引用者付記）

ホルクハイマーが批判的理論のモデルとしているのはマルクスの思想だと指摘しましたが、さらに具体的には『資本論』をはじめとしたマルクスの経済学批判です。マルクスの経済学批判は、既存の経済学の個々の理論への批判に尽きるものではなく、何よりも、既存の経済学が前提としていた、利子、地代、剰余価値、貨幣などを、根本から疑うものでした。利子、地代、剰余価値、貨幣などは、一定の社会的条件のもとで成立したものに過ぎません。にもかかわらず、既存の経済学はそれらを永遠不変のものと見なしていました。マルクスの批判はまずもってそのような前提に対する批判であって、そういうものが廃棄される社会を力強く展望したものでした。ホルクハイマーの批判的理論もまた、社会変革をつうじて、理論の前提そのものの変容可能性を射程に入れつつ、そういう前提を最終的には廃棄しうる社会を展望したものです。

党ないし党派的なものからの自立

ホルクハイマーの批判的理論が、マルクスの経済学批判、具体的には『資本論』に代表される理論を、経済学という領域を超えて、それこそ文化の総体に適用しようとするものである、という大枠は理解いただけたでしょうか。矛盾に貫かれた社会の自己意識としての批判的理論――。そこには、ルカーチの『歴史と階級意識』以来の、主体と客体の対立・分裂の克服というモティーフが社会理論のうえに移されている、と理解することも可能です。そして、ホルクハイマーの批判的理論も、マルクス、ルカーチと同様に、社会の根本的な実践的変革をめざします。

しかし、その際ホルクハイマーは、現実のプロレタリアートの意識や、それをただしく体現していると称される党や党派的なものに与《くみ》することはしません。批判的理論は、あくまで批判的理論として、一方で実践に呑《の》みこまれることのない、独自な地位を保持しなければなりません。プロレタリアートや大衆の意識は、まさしくフロムが指摘したように、虚偽のイデオロギーに雁字搦《がんじがら》めに支配されていることがあるからです。それに寄り添ったり、迎合したりするような形の「実践」に対しては、理論は十分警戒する必要があります。

実際この論考が発表された一九三七年、ドイツではヒトラーを総統とするナチスの「血と大地」のイデオロギーが大衆に浸透して、すでに猛威を揮《ふる》っていました。それは、ユダヤ系のひとびとをたんに亡命に追いやるだけでなく、東ヨーロッパのユダヤ人を中心に、やがては六〇〇万人のひとびとを死に追いやる「絶滅作戦」へと展開してゆきました。そのような現実のなかで、ホルクハイマーの理論も、「伝統的理論と批判的理論」にうかがわれる戦闘性を維持してゆくことが困難となります。

次章では、まさしくそのナチズムの猛威のなかで、最終的に自死にいたった優れた批評家、ヴァルター・ベンヤミンの生涯と思想をたどりたいと思います。

第3章　亡命のなかで紡がれた思想——ベンヤミン

ヴァルター・ベンヤミンの名前は、フランクフルト学派を彩る数々のひとびとのなかでも、ひときわ大きな輝きを放っています。現在、ドイツで二度目の全集が刊行中であり、二〇〇三年には英訳の著作集全四巻も完結しました。二〇世紀にドイツ語で書いた思想家としては、欧米で、あるいは世界で、いまいちばん熱心に読まれ、研究されているひとりでしょう。日本でも同様です。ブレヒトやベンヤミンの研究者であった野村修氏が中心になって編まれ、一九六〇年代末から八〇年代にかけて刊行された『ベンヤミン著作集』全一五巻（晶文社）は、ドイツでもまだまとまった著作集が出ていない段階ではじめられた、画期的な仕事でした。一九九五年からは、浅井健二郎氏を中心に新たな編集と翻訳で『ベンヤミン・コレクション』がちくま学芸文庫から刊行されはじめ、先ごろ、第七巻が出版されて完結しました。これも画期的な仕事です。一九四〇年に自死したベンヤミンの著作が、じつに七〇年以上の歳月を隔てて、いまなお新たに読み継がれているのです。

とはいえ、ベンヤミンが生前、書物として刊行することができたものはごくわずかでした。博士論文を本にした『ドイツ・ロマン主義における芸術批評の概念』（一九二〇年）、受理されなかった教授資格論文にもとづく『ドイツ哀悼遊戯の根源〔ドイツ悲劇の根源〕』（一九二八年）、アフォリズム集と呼ぶべき『この道、一方通行〔一方通行路〕』（一九二八年）、そして『ドイツのひとびと』（一九三六年）です。最後の『ドイツのひとびと』は一八世紀の終わりから一九世紀の半ばにドイツ語で書かれた手紙から抽出して、それにベンヤミンがコメントを付したものですが、ナチス支配下でベンヤミンは、ホルクハイマーがそうしたように、これを「デートレフ・ホルツ」という偽名で刊行しなければなりませんでした。ほかに、ボードレールとプルーストの翻訳をあげることができますが、あくまで生前のベンヤミンは「知るひとぞ知る」という存在であって、逆に言うと、一般にはあまり知られていませんでした。

思想の多面性

戦後、ベンヤミンを知るひとびとがベンヤミンの著作をさまざまな形で刊行してゆきました。戦後ドイツ（西ドイツ）でアドルノはベンヤミンの復権に力を尽くしましたし、パリでベンヤミンと活動をともにしたのちアメリカ合衆国に定住したアーレントは、ベンヤミンの代表論文を集めた英訳版の刊行に努めました。また、パレスチナに渡った、ベンヤミンの友人ゲルショム・ショーレムは、アドルノと協力して、ベンヤミンの著作集や書簡集を刊行したほか、ベンヤミンについての貴重な回想録を出版しました。

特徴的なことは、これらのひとびとにとってベンヤミンのいちばん大切なイメージが異なっていることです。アドルノにとってベンヤミンとはまずもってバロック悲劇の捉え返しをつうじてアレゴリーの復権を果たした『ドイツ哀悼遊戯の根源』の著者でした。そのベンヤミン像に依拠しつつ、アドルノは芸術論をめぐってベンヤミンそのひとと書簡によって論争することにもなります。アーレントにとってベンヤミンは何よりも、カフカと同様に「ドイツ系ユダヤ人」という立場を背負って、カフカよりもいっそう困難な状況のなかで鋭利な文芸批評を書き継いだ「文人」でした。一方ショーレムにとってベンヤミンは、若い日からユダヤ神秘主義への強い関心を共有した、かけがえのない思想家でした。アレゴリーを軸に据えた芸術批評家、ドイツ系ユ

ベンヤミン

ダヤ人という立場にたった文人、ユダヤ神秘主義に耽溺《たんでき》する思想家……。

これだけでもベンヤミンは多面的ですが、さらにベンヤミンは、二〇世紀を代表する劇作家ブレヒトとの密接な交流をつうじて、戦闘的なマルクス主義者という側面を有していました。さらに、その優れた写真論、映画論をつうじて、ベンヤミンをポストモダン思想の先駆者、あるいはメディア論の先駆者と位置づけることも可能です。

このベンヤミンの多面性に応じて、そのつど受容されてきたベンヤミンのイメージも変遷してきました。一九七〇年代、最初のベンヤミン受容の高まりのなかで受け取られたベンヤミンは、ドイツでも日本でも、戦闘的マルクス主義者としてのベンヤミンでした。一九九〇年代になると、これに対して、ポストモダンの先駆者としてのベンヤミン、さらにはユダヤ神秘主義に裏打ちされた思想家としてのベンヤミンが強調されてゆきます。

このベンヤミン受容の変遷は、とくに日本で如実に感じることができます。すなわち、晶文社版の『ベンヤミン著作集1』の巻頭に収められているのは「暴力批判論」(一九二一年)であり、一方ちくま学芸文庫版の『ベンヤミン・コレクション1』は「言語一般および人間の言語について」(一九一六年)からはじまっています。どちらもきわめて難解な論考ですが、「暴力批判論」が敗北したドイツ革命を踏まえてアナーキズム的な体制変革を志向していること、一方「言語一般および人間の言語について」がユダヤ神秘主義的な立場からの創世記解釈にもとづく言語論を展開していることは、明らかです。じつに対照的な二篇がそれぞれの著作集、コレクションの巻頭に置かれているのです。そして日本でも、ユダヤ神秘主義者としてのベンヤミン像にくわえて、ポストモダンの先駆者としてのベンヤミンがいわば並行して論じられることとなりました。

このように、思想家としてのベンヤミンは、双面どころか、三面、四面の異なった相貌を、こちらにそのつど向けてきます。この多面性がベンヤミンの大きな魅力であることは疑いありません。そして、こういう多面性をもったベンヤミンを「フランクフルト学派」という枠に収めてしまうことには無理があります。実際、ブレヒトはフランクフルト学派の面々に対する侮蔑感をあからさまにベンヤミンに告げていましたし、アーレントもアドルノやホルクハイマーに対して強い不信感を抱いていました。そもそもユダヤ神秘主義という側面は、少なくとも社会研究所のひとびとの表層からは見えにくい問題です。

それでも、一九三三年にはじまる亡命生活のなかで、社会研究所からのわずかながらの奨学金と『社会研究誌』への原稿の掲載料がベンヤミンを支えたことは事実でした。そしてまた、『社会研究誌』に発表されたベンヤミンの論考が後世に残る優れた仕事であったことも事実です。

ドイツ青年運動への参加

ヴァルター・ベンヤミン（Walter Benjamin）は一八九二年にベルリンの裕福な同化ユダヤ人の家庭に生まれました。すでに述べたとおり、フランクフルト学派のひとびとはゆたかな家庭の出身者が多いのですが、ベンヤミンはそのなかでも飛びぬけていたようです。ベンヤミンの家系はベルリンでも十指に入る資産家であったというのですから。とはいえ、ワイマール時代の急激なインフレがベンヤミン家の資産にも打撃をあたえたうえ、ベンヤミンは父親と訣別《けつべつ》したりもして、経済的に苦しい状態に置かれることになります。のちにベンヤミンは、まだそういう危機に見舞われる前の幼少期の思い出を「ベルリンの幼年時代」という断章に書き継ぐことになります。繊細なタッチで、失われた時代を追憶した、美しい文章です。

ベンヤミンは一九〇五年、一二、三歳のころからドイツの青年運動に熱心に参加します。ドイツ青年運動は一九世紀末からはじまった、自由な生活をもとめる若者の運動です。背景には、ヘルマン・ヘッセの『車輪の下』に描かれているような、息苦しい学校生活への反抗がありました。はじまりは、日本でもよく知られているワンダーフォーゲルでした。それこそ渡り鳥（ワンダーフォーゲル）のように、男女が一緒になって、自然のなかでハイキングをしたり、キャンプファイアーを楽しんだりしました。元来は非政治的な運動でしたが、やがてそのなかからナショナリズムの傾向を顕著にしめす集団も現われます。ベンヤミンは政治的には左派の傾向をもった運動に惹《ひ》かれてゆきます。とりわけ、青年運動の指導者グスタフ・ヴィネケンから強い影響を受けて、ベンヤミンはヴィネケンの創設した「自由学校共同体」の運動に参加します。ベンヤミンはギムナジウムを卒業して大学生になってからも、ベルリンに「談話室」という場を創設して、青年運動を継続してゆきます。さらに一九一四年にはベルリン大学の「自由学生連合」の議長となります。この団体は、当時の青年運動の左派を代表するものでした。

しかし、ベンヤミンを大きな失望が襲います。第一次世界大戦の勃発を間近に控えて青年運動の主流派は参戦の立場を明らかにしたのです。そして、一九一四年八月に第一次世界大戦がはじまる前後、あろうことかヴィネケンまでが熱烈な国粋主義者へと身を転じてしまいます。一九一五年三月、ベンヤミンは師と仰いでいたヴィネケンに絶縁の手紙を書きます。さらに、戦争勃発にいたる過程で、彼はフリードリヒ・ハインレという友人を失います。ハインレは青年運動の仲間で、ベンヤミンが優れた詩人として高く評価していた相手ですが、そのハインレが恋人とともに「談話室」で自死してしまったのです。ハインレの死を受けて、ベンヤミンはソネット形式でたくさんの詩をひそかに書き継いでゆきます。ハインレの死がベンヤミンにあたえた打撃がどれほど強かったかが分かります。

また、そのころからベンヤミンは、青年運動のなかで出会っていたショーレムと深く交わるようになります。ショーレムはベンヤミンより五歳年少でしたが、自分と同じ同化ユダヤ人の家庭出身でありながらヘブライ語をこなし、ユダヤ神秘主義に対する造詣豊かな知識をもつショーレムに、ベンヤミンは驚いたのでした。一九一六年、ベンヤミンは彼の初期の重要な言語論「言語一般および人間の言語について」をショーレムに宛てた個人的な手紙として執筆して送ります。

アドルノとの出会い

アドルノがベンヤミンとはじめて出会ったのは、一九二三年のことでした。アドルノはまだ二〇歳の青年、ベンヤミンは三〇歳を過ぎていて、すでに博士論文「ドイツ・ロマン主義における芸術批評の概念」やホフマンスタールに激賞された「ゲーテの『親和力』」など、優れた批評を書いていました。たちまちアドルノはベンヤミンに魅了されてしまいます。とくに一九二九年に、フランクフルトの郊外でベンヤミンと交わした対話はアドルノにとって印象的だったようです。そのときベンヤミンはのちに『パサージュ論』として書き継がれることになる仕事の企図を語ったのでした（結局この仕事は未完のままに終わりましたが）。アドルノはベンヤミンの思想に触発されて、それ以降の自分の仕事をベンヤミンとの共同プログラムの実現とさえ考えることになります。そしてそのことが、両者の亡命期間をつうじての

「論争」の下地ともなります。

アドルノとベンヤミンの仕事を比べてみれば、ベンヤミンがアドルノにあたえた影響は顕著です。アドルノの教授資格論文である『キルケゴール――美的なものの構成』（一九三三年）には、ベンヤミンの『ドイツ哀悼遊戯の根源』から継承されたと見られる表現や発想、悪く言えばそこから借用されたと見られるような表現や発想が、ちりばめられています。このキルケゴール論でアドルノはフランクフルト大学の講師に就任するのですが、皮肉なことにベンヤミンはそれに先立つ一九二五年に『ドイツ哀悼遊戯の根源』を同じフランクフルト大学へ教授資格論文として提出して、受理を拒まれた身でした。その際、否定的な判定をくだしたなかには、当時フランクフルト大学で助手をしていたホルクハイマーもいたということですから、さらに皮肉な事態です。その際、ベンヤミンがもとめていたドイツ文学の教授職がとうてい「ユダヤ系」の人間には認められないポストだった、という事情も背景としてあったようです。

『ドイツ哀悼遊戯の根源』は、日本語訳が三種類も出ているベンヤミンのまぎれもない主著です。しかし、同時に確かに難解な本です。シェイクスピアやスペインのカルデロンも参照しつつ一七世紀のドイツのバロック悲劇にそくして悲劇やアレゴリーについて論じたものですが、冒頭の「認識批判序説」からして、容易には理解できません。しかし、君主が栄光のうちに華々しく君臨するのではなく、なすすべもなく運命に翻弄され、最後には死に絶え、つぎつぎと朽ち果ててゆくバロック悲劇の舞台を見つめるベンヤミンの視線には、不思議な魅力があります。充実した象徴が美しい輝きを発するのではなく、枯れ果ててゆく花々、死滅してゆく人間たちが意味の定かでない寓意（アレゴリー）と化して散乱している舞台——。そこには明らかに、第一次世界大戦を経たベンヤミンの世界認識がうかがわれます。そこに見られるのは、いまある世界をすでに廃墟《はいきょ》として透視するようなまなざしです。端的に言って、アドルノを魅了したのはこのまなざしでしたし、そういうまなざしは、自死にいたるまでベンヤミンにつき従うことになります。

『ドイツ哀悼遊戯の根源』が書物として刊行された一九二八年、社会研究所はすでに創設されて五年を経ていましたが、まだホルクハイマーの指導下には入っていません。ベンヤミンと社会研究所のあいだに具体的な繋《つな》がりができるのは、ベンヤミンが『社会研究誌』に寄稿をはじめた一九三四年からです。そして、一九三五年からベンヤミンは社会研究所の研究員という身分にもなって、原稿料のほかに奨学金を支給されることになります。アドルノがベンヤミンを迎えいれることの意義を強く主張したという背景もあってのことでしょうが、『ドイツ哀悼遊戯の根源』については批判的な評価をくだしたホルクハイマーも、次第にベンヤミンの重要性に気づいていったのです。

『社会研究誌』掲載の五篇の論考

ベンヤミンが『社会研究誌』に発表したのは、一〇篇におよぶ書評をのぞけば、つぎの五篇の論考です。

「フランスの作家たちの現在の社会的立場について」（一九三四年）
「言語社会学の諸問題――ひとつの集約的報告」（一九三五年）
「複製技術時代の芸術作品」（一九三六年）
「エードゥアルト・フックス――蒐集家《しゅうしゅうか》と歴史家」（一九三七年）
「ボードレールにおけるいくつかのモティーフについて」（一九三九年）

ベンヤミンを「フランクフルト学派」に括《くく》ることに違和感をおぼえるひとたちも、少なくともこれらの五篇をフランクフルト学派の「成果」に数えることを否定することはできないでしょう。

「フランスの作家たちの現在の社会的立場について」は、アポリネール以降のフランスの作家たちの現状を、批判的に紹介したものです。コミュニズムを擁護する立場にたったアンドレ・ジッドをのぞいて、多くの作家が体制順応的な方向へ流れたり、反ユダヤ主義的傾向を帯びたりしている現状を、ベンヤミンはここで、当の作家自身の言葉を多く引用しつつ、簡潔に批判しています。「言語社会学の諸問題」は、ヘルダーの言語起源論からはじまって、ゴルトシュタインという神経生理学者・精神医学者の最新の研究までを見わたしたものですが、ジャン・ピアジェの発達心理学、さらには、間接的とはいえ、ソシュールの言語論にもふれられていて、ベンヤミンの特異な言語論の背景を考えるうえでも貴重な論考です。そもそも、言語学と社会学の接点に焦点を置いた、言語社会学という発想自体が当時としては斬新です。

また「エードゥアルト・フックス」は、フックスの全体像を捉えた優れた批評です。フックスは膨大なカリカチュアを蒐集して、何冊も大部な著作を著していました。いまでは日本でも『エロチック美術の歴史』『画入り・風俗の歴史』『ユダヤ人カリカチュア』など、フックスの膨大な著作が翻訳されていますが、当時フックスは独学・在野の研究者として、まだきちんとした批評の対象にはなっていませんでした。ベンヤミン自身、幼いころから切手を熱心に集めるなど、大いに蒐集癖のあったひとです。「蒐集家と歴史家」としてのフックスに、ベンヤミンはここで強い共感を示しています。

他の二篇、「複製技術時代の芸術作品」と「ボードレールにおけるいくつかのモティーフについて」は、節をあらためて紹介します。

「複製技術時代の芸術作品」

すでにパリで刊行されるようになっていた『社会研究誌』に、ピエール・クロソウスキーによるフランス語訳で掲載された「複製技術時代の芸術作品」は、ベンヤミンの書いたもののなかで、よく知られている一篇です。映画といういまでは私たちにとって身近なメディアをいち早く論じた仕事として、現在でも映画を論じるうえで原点の位置をあたえられています。そして、テーマの親しみやすさにくわえて、それを論じるベンヤミンの文体が、あの『ドイツ哀悼遊戯の根源』に代表される晦渋《かいじゅう》さと比べると、よほど平明です。ベンヤミンは、ブレヒトから指摘も受けて、文章を比較的短い断章形式で綴《つづ》るようになりますが、これもそういう形式で書かれています。労働者はくたびれていて、長い文章を読むことはできない。それがブレヒトの言い分でした。

ベンヤミンはここで、写真や映画といった「複製技術」にもとづく芸術作品から失われるものとして「アウラ」について語ります。アウラとは、世界にひとつしかないオリジナルな芸術作品がまとっているものです。私たちが美術館を訪れて、たとえばゴッホの絵を前にするとき、それに手を触れることはできません。警備員に咎《とが》められたり、場合によっては損害賠償を請求されたりするからではなく、世界に一枚しかないゴッホのその絵を傷つけてはならない、と感じるからです。そのように世界にひとつしかない芸術作品がまとっている神聖性、とりあえずはそれがアウラです。それが複製技術の時代には失われてゆきます。

もちろん、技術的に複製が可能になるはるか以前から、芸術作品の複製それ自体は作られていたでしょう。いつでも弟子は師匠の作品を真似《まね》るところから修業をはじめたに違いありません。そのような「模倣」が熟練を前提としていたのに対して、木版画や石版画は、技術としての作品の「複製」を可能にしました。しかし、その際も、複製品はまだ芸術家や職人の技を不可欠としていました。写真はそういう職人的な技をも不要にしました。それこそ技術的には何枚でも写真はネガフィルムから焼くことができます。その一枚を傷つけても、いくらでも複製が可能です。私たちはどの写真も本物と呼ぶことはできません。いや、本物と言えばすべてが本物です。こうして写真からは、そして写真にもとづく映画からは、この世にただひとつしか存在しないという神聖性ないしは真正性が失われてゆきます。

これは一見、芸術にとって憂慮すべき事態とも思われます。ベンヤミン自身、読みようによっては、そのことを嘆いていると感じられるところもあります。しかし、そういう複製技術が可能にしたものを、むしろ最大限に評価しようというのが、ここでのベンヤミンの基本的な姿勢です。とりわけ、映画という新しいメディアにそくして、複製技術のもたらした可能性をベンヤミンは力強く訴えます。ベンヤミンは、映画によって、私たちの知覚のあり方それ自体が拡張されたと言います。スローモーションの技術によって、普通なら目にすることのできない素早い動き、たとえば花瓶が床に落下してその破片が飛び散る様子を私たちはじっくりと観察することができます。逆にあまりにゆっくりで知覚できない動き、たとえば植物が蔓《つる》を伸ばす様子を、映像を早送りすることで、私たちは目に見える動きとして捉えることができます。

歴史の編集可能性

ベンヤミンはさまざまな角度から映画というメディアの画期的な新しさをここで確認しているのですが、彼にとって映画が体現していた重要な機能に、編集可能性があります。映画を作る場合、まずはラッシュ・フィルムというものが作成されます。スタジオやロケでの撮影をつうじて、たとえば一〇時間、二〇時間といった長い時間にわたる基礎的な映像が出来上がります。それがラッシュ・フィルムです。そこから、一時間や二時間の映画に仕上げるための編集作業が徹底して行なわれます。しばしば俳優は自分がいま演じている場面が物語全体のなかでどういう位置を占めているのか、分からない場合が多いと言われます。その場面は編集作業によって、いくらでもその意味を変えうるからです。こう言うこともできます。

一本のラッシュ・フィルムには複数の物語が潜在している、と。極端に言えば、一本の同じラッシュ・フィルムから、悲劇的な結末の物語も、ハッピー・エンドに終わる物語も、編集者は作り上げることができるのです。

ベンヤミンが最終的に映画に期待していたのは、この「編集可能性」ではないか、と私は受けとめています。この編集可能性は、私たちが生きている現実の歴史にも適用可能だからです。

たとえば、日本に投下された二発の原爆をどう受けとめるか。戦後の日本は、あれだけの原爆による被害にもかかわらず、あるいはだからこそ原子力の平和利用という方向を推進してきました。しかし、今後の私たちの選択によっては、原爆の意味をもう一度変えることも可能です。さらには、日本の敗戦それ自体をどう受けとめるか。これも論者によって大きく異なります。事実としての被害は同じでも、その意味は後世の態度によって大きく異なることになります。逆に言うと、いまを生きる私たちは、過去の出来事やひとびとの行為に対してどのような意味をあたえるか、というだいじな責任を負っています。ベンヤミンの「ゲーテの『親和力』」という論考の結びにはこうあります。「希望なきひとびとのためにのみ、希望は私たちにあたえられている」。とても有名な一節ですが、この言葉も、歴史の編集可能性という文脈で読むことが可能だと思います。

このベンヤミンの論考は映画論として画期的なものですから、ポストモダン的な立場でのメディア論において、先駆的な業績としてしばしば参照されています。しかしその場合、ベンヤミンがこれを書くことで、映画という新しいメディアをファシズムの手に委ねるのではなく、プロレタリアートの闘いの武器として確保することをめざしていた、という根本のところが黙殺されがちです。この論考の結びは以下のとおりです。

人類の自己疎外の進行は、人類が自分自身の全滅を第一級の美的享楽として体験するほどになっている。これがファシズムが進めている政治の耽《たん》美《び》主義化の実情である。このファシズムに対してコミュニズムは、芸術の政治化をもって答えるのだ。

（ベンヤミン「複製技術時代の芸術作品」）

背景には、ファシズムと戦争を美的に讃美するにいたったイタリア未来派のマリネッティら（「戦争は美しい」が彼らのスローガンでした）に対する痛烈な批判が存在しているのですが、ここでベンヤミンがコミュニズムの側に明確に立って、映画を階級闘争の武器とすることを訴えていることに疑いはありません。まだこの時点でベンヤミンはプロレタリア革命を実現したソ連に期待を寄せていました。彼がその期待を放棄するのは、一九三九年八月、ドイツとソ連が独ソ不可侵条約を結んだときでした。そのとき、スターリンとヒトラーが、つまりコミュニズムの陣営のトップ（であるはずの者）とファシズムの陣営のトップとがはっきりと手を結んだのでした。

また、この論考のなかで、既存の芸術におけるアウラの喪失について語る際、ベンヤミンは「芸術の自律性」という主張を時代遅れのブルジョワ的なもの、と批判しています。芸術の自律性というのは、芸術はあくまで芸術のためにのみ存在している、平たく言うと、芸術は他の何か（たとえば、お金を得るとか、名声を獲得するとか、国の威信を高めるとか）の手段ではなく、それ自体として価値を有している、と考える立場です。映画をプロレタリアートの武器としようとするベンヤミンの主張からすれば、当然このような芸術の自律性という考えは批判の対象となります。この点はアドルノにショックをあたえました。アドルノからすれば、芸術の自律性という立場はけっしてゆずれないものだったからです。この相違もベンヤミンとアドルノの「論争」のテーマとなります。

「ボードレールにおけるいくつかのモティーフについて」の成立過程

「ボードレールにおけるいくつかのモティーフについて」という論考には、アドルノとベンヤミンのあいだの「論争」が明瞭に反映されています。何と言ってもベンヤミンは、これに先立って書き上げ『社会研究誌』に送っていた論考「ボードレールにおける第二帝政期のパリ」を、アドルノとホルクハイマーから厳しく批判され、書き直しを要求されたからです。あとで見るように、その批判はまずもってアドルノが手紙でベンヤミンに伝えたものでした。その批判を受けて成立したのが、この論考です。

ベンヤミンは一九三三年にパリへ亡命して以降、パリの国立図書館にこもって、『パサージュ論』の仕事に没頭していました。かつてアドルノに語った企図の実現に向けて、ベンヤミンは努力を続けていたのです。最終的に残された断章群が遺稿として刊行されたのは、一九八二年、じつにベンヤミンの死から四〇年以上を経たのちでした。現在、岩波現代文庫『パサージュ論』全五巻でその翻訳を読むことができます。

一読していただければ分かるとおり、そこに収められたテクストの大半は引用です。一九世紀という時代のイメージを、パリに成立したパサージュ（両側に商店がならぶ、ガラスの天井で覆われたアーケード）を軸に描き出すというのがベンヤミンの目論見《もくろみ》でした。そのために、彼は一九世紀のパリにまつわる著作、パンフレット、場合によってはチラシの類《たぐい》から、膨大な抜き書きを作成していたのです。メモや抜き書きはどんどん膨らんでゆきましたが、『パサージュ論』の輪郭はその分、ますます不分明になってゆきつつありました。

アドルノにとってベンヤミンの『パサージュ論』はかけがえのない仕事でしたから、繰り返しその公表をベンヤミンにもとめていました。ベンヤミン自身、自分の仕事のあてどなさに呆然《ぼうぜん》としつつ、さしあたり、その仕事の中心のひとつに置くつもりだったボードレールを主題とした部分を、ひとつの論考としてまとめて発表することを決意しました。ベンヤミンにとってボードレールは、パリの風景とその変遷のなかで書き継いだ詩人として、一九世紀という時代の証言者そのものだったのです。そうして書き上げた最初の論考を批判され、書き直したのがこの論考です。

元の「ボードレールにおける第二帝政期のパリ」は「I　ボエーム」「II　遊歩者《フラヌール》」「III　近代《モデルネ》」という三つの節からなっていましたが、「ボードレールにおけるいくつかのモティーフについて」は、その「II　遊歩者《フラヌール》」の部分を拡張する形で書き直したものです（なお、「ボエーム」は日本では通常「ボヘミアン」と呼ばれているひとびとのことです）。

ボードレールの「ショック体験」

「ボードレールにおけるいくつかのモティーフについて」は、タイトルどおり、とくに『悪の華』に見られるボードレールのいくつかのモティーフを描いたものですが、その中心に置かれているのは、大都市の成立と群衆の登場によって抒情詩が不可能になってゆく時代を体現した詩人ボードレールの姿です。『『悪の華』は全ヨーロッパに影響をおよぼした最後の抒情詩集であった」とベンヤミンは述べています。

この論考が元来は「ボードレールにおける第二帝政期のパリ」の「II　遊歩者《フラヌール》」の部分を拡張したものであると記しましたが、その「遊歩者《フラヌール》」という言葉も、ベンヤミンのボードレール論をつうじていまではよく知られたものとなっています。パリのような都市、そのパサージュをぶらぶらと彷徨《さまよ》っているひと、それが「遊歩者」です。群衆が何かの目的をもってどこかに一目散に歩いているのに対して、遊歩者にはとりたてて目的がありません。それは、徹底して規律化されている近代の大衆からすればはみ出し者ですが、それだけに時代の特徴を鋭敏に捉えることができます。ボードレールはまさしくそのような遊歩者であり、かつ最終的にそういう遊歩者というあり方からも追い払われることになった存在である、というのがベンヤミンのボードレール理解の基本です。

そして、ここでは「記憶」というものに大きな焦点があてられています。プルーストの『失われた時を求めて』の冒頭には、マドレーヌを紅茶にひたしたその瞬間に思わぬことに過去の記憶がよみがえるという有名な一節があります。あのようなあり方をベンヤミンは「無意志的記憶」と呼んで「意志的想起」と区別しています。私たちの記憶は意志によって必ずしも呼び起こされるのではなく、不意によみがえるものです。しかも、意志によっては呼び覚まされない記憶のほうが私たちの意識の奥深くに強く刻まれている場合が多々あります。フロイトはまさしくそのような記憶、むしろ意識によって抑圧され、無意識の領域に追いやられた記憶に注目しました。トラウマの根源にある記憶はしばしばそのような形で無意識に追いやられ、かつそのままそこに留まっているからです。無意識には時間がない、とフロイトは言います。ちょうどレコード盤に刻まれた古い傷のように、それはそこに時間を超えて存在しつづけているのです。

ボードレールにそのような無意志的記憶を呼び覚ますものを、ベンヤミンはここで「ショック体験」と呼んでいます。平たく言うと、ボードレールにとって詩を書くとは、パリで群衆のあいだを遊歩者として彷徨いながら、そのつど見舞ってくるショック体験を書きとめることだった、ということです。ボードレールは、ベンヤミンの指摘しているとおり、『悪の華』のなかで「前世の記憶」すら呼び起こしています。

この論考の後半ではふたたび「アウラ」が主題化されています。ボードレールの『悪の華』以降の散文詩をとりあげて、ベンヤミンはボードレールの最大のショック体験を「アウラの崩壊」に定めているのです。ここでは「複製技術時代の芸術作品」においてよりも、いっそうその喪失の痛切さに力点が置かれています。アドルノから批判を受けたからというよりも、やはりその喪失を惜しむという側面も元来、ベンヤミンには強くあったのだと思えます。とはいえ、ここで最終的にベンヤミンが描いているのは、やはりそういうアウラの崩壊を承認した、あるいは、承認せざるをえなかった、ボードレールの姿です。

アドルノとの「論争」

ここで、一九三〇年代後半から書簡をつうじて交わされた、ベンヤミンとアドルノのあいだの「論争」にふれておきたいと思います。ふたりとも、困難な亡命の日々を過ごしている身ですから、手紙の発信地も受け取り地も、そのつど変化します。そんななかで、ときには小さな論文に匹敵するほどの文章を書き合っています。もちろん、簡単にコピーを取れるような時代ではありませんから、下書きを手元にとっておいたりしながらの、ちょっと気の遠くなるほどの真剣なやり取りです。

ベンヤミンのカフカ論である「フランツ・カフカ」（一九三四年成立）の原稿をめぐってはじまったふたりの「論争」には多くのテーマが絡まり合っていますが、ここではそれを三点に絞って紹介しておきます。すなわち、（1）弁証法の働き、（2）芸術の自律性、（3）マルクス主義の位置づけ、です。

まず、弁証法の働きについて。ベンヤミンはしばしば異質なイメージを対置するという方法を取っています。この点はアドルノからすると、ベンヤミンの「フランツ・カフカ」、そして、『パサージュ論』のレジュメとして書かれた「パリ――一九世紀の首都」、さらには

「ボードレールにおける第二帝政期のパリ」にも一貫している問題でした。実際ベンヤミン自身、自分の手法を「静止状態にある弁証法」とも呼んでいます。アドルノはそこにシュルレアリスムの悪しき影響を認めつつ、やはり対置されたイメージには弁証法的な媒介が必要だと、きわめてヘーゲル的に批判します。対立するイメージの並置に終わらせずに、理論的な媒介を置くべきだと。

続いて、芸術の自律性をめぐって。さきに見たとおり、ベンヤミンは「複製技術時代の芸術作品」において、芸術におけるアウラの喪失を肯定的に受けとめて、「芸術のための芸術」という主張を、古めかしいブルジョワ的スローガンと批判しました。これを受けて、アドルノは、芸術におけるアウラの喪失を認めながらも、そういうアウラの積極的な払拭が彼の偏愛する現代音楽においても、とりわけシェーンベルクの作品をつうじて行なわれていると指摘します。アウラの喪失が必然であるとしても、それは複製技術の登場によってだけ生じたのではなく、芸術作品を内在的に発展させることによっても生じているのだ、というのがアドルノの反論です。そして、アドルノは、一九三六年三月一八日付のロンドンからの手紙で、こうベンヤミンに問いかけます。

両者〔自律的な芸術と大衆芸術〕はともに資本主義の傷痕を負っています。両者には変革の諸要素が内包されています（もちろん、それがシェーンベルクとアメリカ映画の中間物などというわけではけっしてありません）。両者はまったき自由の引き裂かれた半身であるのですが、この自由はやはり、両者を組み合わせて合成できるものでもないのです。一方のために他方を犠牲にするとすれば、それはロマン主義的でしょう。

（『ベンヤミン／アドルノ往復書簡』）

少なくともアドルノから見た際の、ベンヤミンとアドルノの対立点は、この一節に明瞭にうかがうことができます。映画を代表とする大衆芸術も、シェーンベルクに代表される自律的な芸術（少なくとも自律的であろうとする芸術）も、ともに資本主義のもとで歪《ゆが》められている。その歪みは双方の側でただされねばならない。その修正・変革の可能性という点でも、双方は同等である。ベンヤミンが大衆芸術にそくしてそれを行なうとすれば、自分は自律的な芸術にそくして行なうのだ……。アドルノからすれば、そのような形で両者の立場の相違は理解されることになります。

最後に、マルクス主義の位置づけについて。この点はとくに「ボードレールにおける第二帝政期のパリ」に対して、アドルノが発した批判です。ベンヤミンがボードレールの作品「酒の魂」を当時のブドウ酒税と結びつけて論じている箇所などを例にあげて、社会的な事象、とりわけ経済的な事象と作品をあまりに無媒介な因果関係に置いている、とアドルノは難詰しています。アドルノからすれば、それは上部構造を下部構造へと素朴に還元する、悪しき唯物論的手法と映らざるをえませんでした。「あなたの論文は、魔術と実証主義の十字路に位置しています。その場所には魔法がかけられています。その呪縛を打ち破ることができるものといえば、ひとえに理論のみなのです」。このようにアドルノは、一九三八年一一月一〇日付のニューヨークからの手紙で、ベンヤミンに厳しく言い放っています。

その際アドルノは、本来のベンヤミンの思想にはそぐわない作為が働いていると感じていました。つまり、社会研究所、ひいては『社会研究誌』は正統的なマルクス主義思想しか受け入れてくれないだろうという思い込みに縛られて、ベンヤミンが無理をしているとアドルノは判断していました。アドルノは、ベンヤミンの「ゲーテの『親和力』」や『ドイツ哀悼遊戯の根源』のほうが、通俗的な唯物論の入門書の類よりもはるかに優れたマルクス主義の著作なのだ、と説いたりしています。

これらのアドルノの批判に対して、当時のベンヤミンは表立って反論しにくい立場にありました。何と言っても、アドルノの背後にはホルクハイマーがおり、『社会研究誌』に原稿が掲載されるかどうかは、彼らの一存にかかっていました。そして、『社会研究誌』からの原稿料はベンヤミンの亡命生活にとってたいせつな資金でした。その点を考えると、アドルノ（とホルクハイマー）の態度がいささか酷薄なものにも思えますが、それだけ真剣だったと言うこともできます。

途絶えた足音

ベンヤミンに宛てたアドルノの一九三八年一一月一〇日付の手紙はすでにニューヨークで書かれていました。つまり、一九三四年にいち早くニューヨークに渡っていたホルクハイマーを追って、アドルノも最初の亡命地イギリスから一九三八年二月にニューヨークに移住していたのです。

一方ベンヤミンは、一九三九年九月、第二次世界大戦が勃発すると、「敵性外国人」として短期間フランスの収容所に入れられたりもしますが、あくまでパリに留まり続けていました。しかし、一九四〇年六月、ドイツ軍がフランスにも侵攻するにおよんで、ベンヤミンはとうとうパリを脱出します。ホルクハイマーはアメリカ合衆国への入国ビザをベンヤミンに届けていました。しかし、フランスを出国する許可がおりませんでした（フランスへ入国した際のビザがありませんので、ベンヤミンはあくまで不法滞在者扱いです）。

とうとうベンヤミンは徒歩でピレネー山脈を越えてスペインへ逃れようとします。それは当時、何人かのひとが無事に渡っていったルートでした。しかし、不幸なことにベンヤミンの一行は、スペイン国境を越えたところ、ポルボウという村でスペインの国境警備隊に捕まってしまいます。ベンヤミンはそのとき大量のモルヒネを呑《の》んで自殺を遂げてしまいます。アドルノとホルクハイマーはニューヨークでベンヤミンの到着をいまかいまかと待ち受けていました。しかし、彼らが受け取ったのはベンヤミンの訃報でした。若いころベンヤミンは第一次世界大戦のもたらした暗黒のなかで、友人に宛てた書簡にこう記していました。「夜のなかを歩みとおすときに助けになるものは橋でもなく翼でもなくて、友の足音だ」。アドルノにとってベンヤミンはまさしくそのようなかけがえのない「友」でした。ベンヤミンの訃報とともに、暗闇のなか、アドルノの耳にベンヤミンの足音が途絶えたのです。『ベンヤミン／アドルノ往復書簡』の最後に収められているのは、ベンヤミンが死の間際に同行の女性に口頭で伝えたアドルノへの伝言です（その女性がドイツ語を聞き取ることができなかったため、これはフランス語で託されたものです）。

> 出口のない状況にあって、ぼくはそれに、けりをつけるほかなくなっている。ぼくが生を終えようとしているのは、誰ひとりとしてぼくを知る者のいない、ピレネー山中の小さな村のなかだ。
>
> あなたにお願いするが、ぼくの思いをぼくの友人のアドルノに伝え、ぼくが置かれるこ

ととなった状況を、彼に説明してやってほしい。書ければ書きたかった手紙という手紙を書くだけの時間が、ぼくには残されていないのだ。（同前）

膨大な数の書簡をたがいの亡命生活のなかで交わし合った最後の通信がこの「伝言」、しかもフランス語での「伝言」であったという事実に、私は深く頭《こうべ》を垂れたい思いに駆られます。

絶筆「歴史の概念について」

とはいえ、ベンヤミンは、あの『パサージュ論』の膨大なメモ書き、抜き書きのほかに、さらに重要な「遺言」と言うべき著作を残していました。「歴史の概念について」と題された二〇の断章からなるテクストであり、ベンヤミンの文字どおり絶筆となったものです。このテクストにおいては、ベンヤミンの生涯の思想がひとつひとつの断章にみごとに結晶していますから、丁寧に論じるとそれだけで一冊の本が必要になります。ここではとくによく知られた九番目の断章と補遺Bの断章を紹介しておきます。

ベンヤミンは若いころ、パウル・クレーの「新しい天使」と題された絵を購入して、それ以降、人生の節目、節目でその絵をインスピレーションのたいせつな源としていました。

パウル・クレー「新しい天使」

「歴史の概念について」の九番目の断章では、そのクレーの絵「新しい天使」をあらためて「歴史の天使」と名づけて、ベンヤミンはこう記しています。すこし長くなりますが全文を引用しておきます。

「新しい天使《アンゲルス・ノーヴス》」と題されたクレーの絵がある。それにはひとりの天使が描かれていて、この天使はじっと見詰めている何かから、いままさに遠ざかろうとしているかに見える。その眼は大きく見開かれ、口はあき、そして翼は拡げられている。歴史の天使はこのような姿をしているにちがいない。彼は顔を過去のほうに向けている。私たちの眼には出来事の連鎖が立ち現われてくるところに、彼はただひとつの破局《カタストローフ》だけを見るのだ。その破局はひっきりなしに瓦礫《がれき》のうえに瓦礫を積み重ねて、それを彼の足元に投げつけている。きっと彼は、なろうことならそこにとどまり、死者たちを目覚めさせ、破壊されたものを寄せ集めて繋ぎ合わせたいのだろう。ところが楽園から嵐が吹きつけていて、それが彼の翼にはらまれ、あまりの激しさに天使はもはや翼を閉じることができない。この嵐が彼を、背を向けている未来のほうへ引き留めがたく押し流してゆき、その間にも彼の眼前では、瓦礫の山が積み上がって天にも届かんばかりである。私たちが進歩と呼んでいるもの、それがこの嵐なのだ。（ベンヤミン「歴史の概念について」強調は原文）

八六ページに掲げているクレーの絵の図版と見比べながらこの断章をじっくり読んでください。そして、ベンヤミンがこれを書いた時代が、ヨーロッパ全体をファシズムが覆いつくすかのような破局につぐ破局の連続であったことを思い浮かべてください。人間の歴史が積み上げている瓦礫の山を見据えながら、歴史の天使が嵐に吹かれて未来へと運ばれてゆく……。

とはいえ、これを全文きちんと整合的に読み解くことは、難しいかもしれません。最後に登場する「進歩」が肯定的に語られているのでないことは明らかですが、楽園と未来の位置関係はどうなっているのか（円環しているという読み方もあります）、楽園から吹く「嵐」自体は肯定されているのか、否定されているのか、等々、容易に正解は得られそうにありません。むしろ、読み手の状況・文脈に応じてさまざまな解釈が可能で、私たちはそのつど、この断章を自らのインスピレーションの源にすればよいのかもしれません。場合によっては、それこそがこの断章のいちばん優れた読み方なのかもしれません。

さらに、補遺Bのほうも全文を引用しておきます。こちらはもうすこしクリアーです。

時間がその胎内に何を宿しているのかを時間から聞き出した占師たちは、確かに、この時間というものを、均質なものとしても空虚なものとしても経験してはいなかった。このことをありありと脳裡《のうり》に想い描ける者は、おそらく、過ぎ去った時間が想起《アインゲデンケン》のなかでどのように経験されたかについても、はっきりわかることだろう。つまりは、まったく同じように経験されたのである。周知のように、未来を探ることはユダヤ人には禁じられていた。律法と祈禱《きとう》は、その代わりに、彼らに想起を教えている。占師に予言を求めるひとびとが囚《とら》われている未来の魔力から、想起はユダヤ人を解放した。しかしそれだからといって、ユダヤ人にとって未来が、均質で空虚な時間になったわけではやはりなかった。というのも、未来のどの瞬間も、メシアがそれを潜《くぐ》り抜けてやってくる可能性のある、小さな門だったからである。

（同前）

ベンヤミンが若いころからユダヤ神秘主義に惹《ひ》かれていたことについてはすでに記しましたが、それでいてベンヤミンの書き残した文章に「ユダヤ人」という言葉はほとんど明示的には出てきません。右の一節は「ユダヤ人」という言葉がはっきりと記された稀《まれ》な例です。そのユダヤ人たちの聖書（キリスト教が旧約聖書と呼ぶもの）には、「想い起こせ」という言葉が繰り返し登場します。未来を無駄に案じるのではなく、過去を想起すること。そして、それによって、未来の一瞬一瞬を、メシア（救い主）が現われてくるかもしれない「小さな門」へと転じること――。

ヤング＝ブルーエルによる優れた評伝『ハンナ・アーレント伝』によれば、アーレントは「歴史の概念について」の筆写稿のひとつを生前のベンヤミンから託されていて、ベンヤミンの死ののちに、ニューヨークへ向かう船の出港を待つあいだ、リスボンの港でまわりの難民たちにそれを読み聞かせていたといいます。「歴史の概念について」の他の断章は難解でも、右の補遺Bは、ユダヤ人を中心とした難民たちにとっても理解しやすいものだったと思われます。この一節をたずさえて海を渡ってゆくアーレントの姿も、二〇世紀の思想史を考えるうえで、私たちが逸することのできないものです（なお、そのときアーレントに託された筆写稿は、現在ドイツで刊行中のベンヤミン全集の「歴史の概念について」の巻の巻頭にファクシミリ版で掲載されています）。

ベンヤミンの遺言とも言うべき「歴史の概念について」は一九四二年に『社会研究誌』の別冊「ベンヤミン追悼号」に「歴史哲学テーゼ」のタイトルで掲載されました。『社会研究誌』は一九四〇年からはパリではなくニューヨークで刊行されるようになっていて、誌名も英語タイトルで『哲学・社会学研究』へと改称されていましたが、それも一九四一年の第九巻第三号で、終刊していました。当初は年一冊のペースで継続の予定だったのですが、ホルクハイマーが健康上の理由ですでにニューヨークからカリフォルニアへ移住していたことも、終刊の背景にはありました。その事実上の終刊号の巻頭に収められている論文がホルクハイマーの「理性の終焉《しゅうえん》」であるのも、まことに象徴的です。

ベンヤミンの「歴史の概念について」が公表された一九四二年、東ヨーロッパではホロコーストが進展していました。ベンヤミンの「歴史の天使」もまだ見ることのなかった未曽有《みぞう》の破局がそこでは展開していました。同じ時期に、アドルノもホルクハイマーを追ってカリフォルニアへ移住します。そこでふたりは、ヨーロッパの文明を根本的に問いなおす研究、ホルクハイマーの当初の言い方では「開かれた弁証法の探究」に取り掛かりました。そうして成立したのが『啓蒙の弁証法』という記念碑的な著作です。

第4章 『啓蒙の弁証法』の世界――ホルクハイマーとアドルノ

マルクーゼと社会研究所

ホルクハイマーは「開かれた弁証法」についての研究に、当初はマルクーゼと取り組むことを考えていました。マルクーゼは一九三二年に、フライブルク大学にいたハイデガーの指導下で、ヘーゲル論の大著『ヘーゲル存在論と歴史性の理論』を出版していました。当時、ハイデガーのもとにはユダヤ系の若手知識人が多く集《つど》っていましたが、彼もそのひとりでした。

ヘルベルト・マルクーゼ（Herbert Marcuse）は一八九八年に、ベルリンのやはり裕福なユダヤ系の家庭に生まれました。彼は、第一次世界大戦に出征したのち、社会民主党員として政治活動に従事していました。いったん政治活動から離れて、哲学の研究に専念した成果が右に述べたヘーゲル論です。しかし同時に、彼は一九三二年にようやく公表された初期マルクスの重要な論考『パリ草稿』（『経済学・哲学草稿』）の研究にいち早く取り組みました。ナチズムに積極的にコミットしてゆくハイデガーとマルクーゼの折り合いはとうていうまくゆかなくなります。マルクーゼはフライブルク大学を離れ、フッサールの紹介でフランクフルト大学との関係ができ、一九三二年の末に、「社会研究所」に迎えられることになります。

マルクーゼは社会研究所のなかではまずもって哲学の専門家でした。とりわけ、ヘーゲルとマルクスについての彼の持続的な研究は、ニューヨークに渡ったのち一九四一年に出版される『理性と革命』という新たな大著として結実します。さきのヘーゲル論と『理性と革命』を読み比べると、マルクーゼが「フランクフルト学派」として積んだ経験が如実にうかがわれます。前著ではヘーゲルの概念や発想がそのまま前提とされていますが、『理性と革命』ではそれらが距離を置いた批判的な視点で捉えられています。まさしくホルクハイマーの「批判的理論」の視点で捉え直されたヘーゲルです。とはいえ、ここでマルクーゼはたんにヘーゲルをマルクスによって乗り越えられた過去の思想家として位置づけているのではありません。ヘーゲルの「進歩的」な側面、けっして「ファシズムの先駆者」などと片づけられることのない側面も指摘しています。

こういうマルクーゼですから、ホルクハイマーが「開かれた弁証法」についての共同研究の相手として、当初、マルクーゼを想定していたのもよく分かります。しかし、マルクーゼは当時、ワシントンで合衆国の国務省に勤務して、ヒトラー支配下のドイツに対抗するための情報収集と分析の仕事に従事していて、ホルクハイマーとの密接な共同研究は不可能でした。亡命者として生活の基盤を確保しなければならない、という事情もありました。

　いったんホルクハイマーらとマルクーゼの関係は遠のいてゆきますが、フロム批判を組み込んだフロイト論『エロス的文明』（一九五六年）、先進国のイデオロギー批判として提示された『一次元的人間』（一九六四年）などの著作をつうじて、一九六〇年代にはマルクーゼは一転していわゆる新左翼の教祖のような存在として、脚光をあびることになります。マルクーゼは、『エロス的文明』では、フロイトのペシミズムは抑圧的な社会でのみ通用するのであって、解放された社会では抑圧のない文明が可能だと考えました。最終的には労働と遊びが一致するようなユートピアを彼は提唱しました。また、『一次元的人間』では、広告産業に隅々まで彩られた現在の産業社会を、否定の余地をまったくあたえない「一次元的社会」と呼び、それに対する「大いなる拒絶」を呼びかけました。彼の思想は、ヒッピー文化など、当時のカウンター・カルチャ

マルクーゼ

ーを支えたひとびと、とりわけ学生層に浸透してゆきました。そして、それが一方で新左翼の理論的支柱としてのフランクフルト学派という、きわめて一面的どころか、基本的に誤ったイメージにも繋《つな》がってゆくことになります。

マルクーゼに代わってアドルノがホルクハイマーとの共同研究の重要なパートナーとなるうえでは、マルクーゼがワシントンを離れられなかったという、ある程度偶然的な要因もありましたが、その後の理論的な展開からすれば、ホルクハイマーとアドルノの組み合わせには、絶妙なものがあったと言えます。ホルクハイマーとマルクーゼのコンビでは『啓蒙の弁証法』はまったく異なった書物となっていたはずです。

アドルノと社会研究所

テオドーア・W・アドルノ（Theodor W. Adorno）は、一九〇三年、フランクフルトのゆたかなワイン商人の父のもとに生まれました。彼は、フランクフルト社会研究所に集ったメンバーのなかでは、若手に属していました。父親は形式的にはユダヤ教徒のままでしたが、キリスト教社会に溶け込んだ同化ユダヤ人であり、母親はカトリックでした。その母親、マリアはオペラ歌手、叔母《おば》のアガテが本格的なピアニストであったこともあって、アドルノは早くからクラシックの音楽的素養を身につけ、ピアノの演奏にくわえて作曲にも非凡な才能を発揮していました。一九二三年四月、当時一九歳だったアドルノ作曲による弦楽四重奏曲がフランクフルトですでに公式に演奏されたという記録がありますから、その早熟の度合いが知られます。そして、アドルノは一〇代の終わりから音楽批評にも手を染め、生涯をつうじて膨大な数の音楽評論を書き継ぐことになります。

アドルノは一九二二年にフランクフルト大学でホルクハイマーと出会いますが、一九二四年にフッサール論で博士号を取得したあと、一九二五年にはアルバン・ベルクのもとで音楽理論と作曲を学ぶためにウィーンに移住したりもします。その当時のアドルノは、哲学を研究しつつも、音楽の理論と実践にどっぷりと浸かっていました。とくに、無調音楽から一二音技法へと突き進んだシェーンベルクの音楽は、アドルノにとって生涯、規範的なものであり続けることになります。

そういうアドルノでしたから、社会研究所のなかでも、当初は、音楽を中心とした文化論がアドルノにあたえられた分野でした。『社会研究誌』にアドルノが発表した原稿を確認しておきましょう。

「音楽の社会的位置について〔Ⅰ〕」（一九三二年、第一巻一号・二号合併号）
「音楽の社会的位置についてⅡ」（一九三二年、第一巻三号）

「ジャズについて」(一九三六年、第五巻二号、「ヘクトール・ロットヴァイラー」という偽名による)
「音楽における物神的性格と聴取能力の退化」(一九三八年、第七巻三号)
「ワーグナーについての断章」(一九三九年、第八巻一号・二号合併号)
「キルケゴールの愛の教え」(一九四〇年、第九巻一号、英語)
「ポピュラー・ミュージックについて」(一九四一年、第一〇巻一号、英語)
「こんにちのシュペングラー」(一九四一年、第一〇巻二号、英語)
「文化に対するヴェブレンの攻撃」(一九四一年、第一〇巻三号、英語)

最初の「音楽の社会的位置について〔I〕・II」はいまではアドルノの音楽論の原点に位置づけられている長大な論文です。マルクスの用語を使いながらも、文化といういわゆる上部構造を経済的な生産関係という下部構造に還元する、単純なマルクス主義的文化論にはとうてい収まらない視点で、さまざまな問題が論じられています。それ以降のジャズ論、「音楽の物神的性格」についての論考、さらにはポピュラー・ミュージック論もまた、アドルノのだいじな仕事です。しかし、あくまでアドルノの当初の役割は音楽論である、という印象は否定できません。実際、アドルノが社会研究所の正式の共同研究員となったのは、一九三八年にニューヨークに移住してからでした。それまでアドルノは身分的には外部の寄稿者であって、フロムやマルクーゼのほうがホルクハイマーらとずっと親しい関係にありました。

アドルノがフランクフルト大学で哲学の研究者として公的に登場した最初の仕事は、一九三一年五月にフランクフルト大学の講師就任に際して行なった「哲学のアクチュアリティ」と題された講演でした。さらに翌年、アドルノは「自然史の理念」という講演を行ないます。いずれも、けっして音楽論には特化しない形で、当時絶大な人気を誇っていたハイデガーの思想を批判しつつ哲学のアクチュアルな課題がどこにあるかを示したものです。

ところで、第1章で紹介したホルクハイマーの社会研究所の所長就任講演は、一九三一年一月でした。つまり、アドルノとホルクハイマーの講演はほぼ同時期になされたものということになります。にもかかわらず、ふたりの講演から受ける印象はかなり異なったものです。ホルクハイマーが個々の人間を超えた社会のダイナミズムを捉える社会哲学の立場から学際的な探究をもとめていたのに対して、アドルノはそもそも大きな視点で社会を捉えることの不可能性を繰り返し主張しているからです。

アドルノは「哲学のアクチュアリティ」の末尾をこう結んでいます。

大きな哲学におけるあらゆる確実性の崩壊とともに、美学の領域で大胆な試みが開始されるならば、そしてその試みが、美学的エッセイのもつ、限定され、輪郭の際立った、非象徴的な解釈と結びついているならば、対象が的確に選ばれ、その対象が現実のものであるかぎり、弾劾されるべきものとは私には思えません。といいますのも、たしかに精神は現実の総体を生み出したり、現実の総体を把握したりすることはできませんが、微細な姿で侵入し、微細な一点で、現に存在しているものの尺度を破壊することができるからです。

（アドルノ『哲学のアクチュアリティ』）

ここには対象の微細な部分に焦点を置いて批評を繰りひろげる、ミクロロギー（微視的探究）という方法が明瞭に告げられています。そして、ここでアドルノが「美学的エッセイ」ということでまずもって念頭においているのは、やはりベンヤミンの仕事、とりわけ『ドイツ哀悼遊戯の根源』です。この講演ですでにアドルノは『ドイツ哀悼遊戯の根源』の参照を指示していますが、翌年の「自然史の理念」では、ベンヤミンの『ドイツ哀悼遊戯の根源』から決定的な箇所を繰り返し引用しながら講演を行なっています。つまり、このころのアドルノは、ホルクハイマーらの立場よりも、そのホルクハイマーを審査員のひとりとしたフランクフルト大学で教授資格論文を拒否されたベンヤミンに、はるかに近い位置にいたわけです。しかも、まさしく受理を拒否された論文にもとづくベンヤミンの著書から引用しているのですから、いささか挑発的とも呼べる態度です。

さきに確認した『社会研究誌』の掲載論文のその後のタイトルからは、そういうアドルノが、たんなる音楽論の専門家という立場を超えて、次第に社会研究所の内部に迎えいれられてゆく経緯を理解していただくことができるでしょう。『社会研究誌』に英語で掲載された最後の二篇は、のちにアドルノの代表的な論集『プリズメン』（一九五五年）に収録されることになるだいじな論考でもあります（収録の際、「こんにちのシュペングラー」は「『没落』後のシュペングラー」へと改題されますが）。

そして、フロムと入れ代わるようにして、アドルノはホルクハイマーと緊密な共同関係を結ぶようになります。一方ホルクハイマーも、所長就任講演はもとより、「伝統的理論と批判的理論」でなお主張していた、学際的唯物論という積極的な姿勢から、社会の否定的な歴史傾向へ意識を向けてゆく方向へ態度を変化させてゆきます。このホルクハイマーの思想的な変化がアドルノとの共同作業を可能とした側面も大きかったのです。

ホルクハイマーの思想の変容

ホルクハイマーは一九三〇年代をつうじて、社会研究所の共同プロジェクトを力強く推進していました。彼は、多彩な才能を結集したグループの、自他ともに認める精神的な指導者でした。そのとき彼は、具体的な労働者の組織や集団との結びつきはもたないままとはいえ、あくまで進歩的なマルクス主義の立場にたっていました。いまやファシズムにまで行き着いた自由主義をマルクス主義的な進歩史観で批判するという構図は、彼の学際的唯物論の提唱のなかで、基本的に維持されていました。

しかし、一九四〇年代になって、ホルクハイマーは「権威主義的国家」という問題について語りはじめます。それは、ファシズムをもスターリニズムをも包摂した概念でした。

当時、イタリアはムッソリーニ、スペインはフランコ、ドイツはヒトラーを指導者としてファシズム政権が成立していました。一九三九年八月、ドイツとソ連が不可侵条約を締結し、同年九月、ドイツがポーランドに侵攻します。これに対してイギリス、フランスがドイツに宣戦布告することで第二次世界大戦が勃発します。ヒトラー支配下のドイツは翌一九四〇年にはデンマーク、ノルウェー、さらにはオランダ、ベルギー、フランスにも侵攻を開始し、これらの地域をつぎつぎと支配下に収めてゆきます。同年七月、フランスは中部のヴィシーに政権を移しますが、これも実質は対独協力の政府でした。つまり、この時点で、ヨーロッパはイギリスをのぞいて、ほぼ全土をファシズム勢力が覆う勢いだったのです。

一方、史上初の社会主義革命によって成立したソ連は、レーニンの死後、指導者となったスターリンの独裁のもと、どんどん粛清が進行していました。一九三六年から三八年にかけての「モスクワ裁判」では、レーニンとともに革命を支えた党幹部たちがつぎつぎと処刑されてゆきました。外国人ジャーナリストを招いて公開裁判としても行なわれたその模様は、ヨーロッパの知識人たちに異様な印象をあたえました。さらに、一九三九年八月の独ソ不可侵条約の締結は、ファシズム政権と戦ううえでソ連がまったく支えにならないことを知らしめました。

こういう事態の進展のなかで、ホルクハイマーは「権威主義的国家」という概念を打ち出しました。それは権威主義的な個人に支えられた、巨大な官僚機構です。警察の監視の目が隅々にまで張り巡らされた、まさしくジョージ・オーウェルが『一九八四年』という未来小説のなかで描いた国家を先取りするかのような国家像です。ヒトラー支配下のドイツよりもむしろスターリン支配下のソ連のほうがこの権威主義的国家の首尾一貫した姿である、とホルクハイマーは見なしさえします。彼は「権威主義的国家」という論文のなかでこう記しています。

誰を収容所に送り込むかの選別は、ますます偶然的なものとなってゆく。強制収容所の人員が、そのつど増加しようが減少しようが、また、殺害された者の空き部屋をふたたび満たすことはしないといったことがときには行なわれようと、そもそも誰もが収容所行きになりうるのだ。収容所送りとなるような行為を、誰もが思考のなかで日々犯しているのである。

（ホルクハイマー『権威主義的国家』）

およそ頭のなかで何ごとかを「思考」しているかぎり、つまり、最低限の自由を行使しているかぎり、誰もが収容所送りになってもおかしくないような国家——。フランス革命以来、世界史の歩みはこのような権威主義的国家をめざしていたとされ、マルクス主義的な革命も、それが世界史の進展を促進させるものであるかぎり、このような権威主義的国家に行き着くことはまぬがれない、とホルクハイマーは主張します。

しかし、ホルクハイマーは「権威主義的国家」という論文のなかで、現状を変革する可能性をいっさい否定しているのではありません。

権威主義的な世界時代を予期した驚愕《きょうがく》といえども、抵抗を押しとどめることはできない。ひとつの階級なり党なりによる管理業務の遂行は、あらゆる特権の廃止ののちには、行政的な立場が権力的な立場へ上昇することを妨げる、階級なき民主制の諸形態によって置き換えることができる。

（同前）

とはいえ、そのような「階級なき民主制」にいたる道筋は、世界史の論理的な歩みとともには存在しないとされます。マルクスは資本主義社会が社会主義社会、さらには共産主義社会へと移行することを自然史的過程と呼びながらも、その過程にともなう痛みや犠牲をすこしでも軽減したり緩和したりするために革命が必要だと説きました。しかし、ホルクハイマーからすると、そういうマルクスの立場もまた、結局のところ、権威主義的国家にいたる歩みを促進させるものでしかありません。しかも、そのマルクスの理論は、レーニン、さらにはスターリンを経て、何らファシズムと異ならない、個人崇拝を生み出していました。ホルクハイマーは、第一次世界大戦後の敗北にいたったドイツ革命の記憶を想起しながら、「権威主義的国家」のなかでこう記しています。「搾取の終焉《しゅうえん》とは、進歩を加速させることではもはやなく、進歩から飛躍することである」

ふたたびこの一節は、進歩という立場への批判として読まれねばなりません。搾取の終焉は世界史の進歩の果てに訪れるのではなく、そういう世界史の歩みそのものと訣別《けつべつ》するときにこそ訪れる、ということです。

前章で紹介したベンヤミンは、とくにその遺稿「歴史の概念について」のなかで、歴史の歩みに逆らうこと、進歩という発想に徹底して距離を置くことを唱えています。ホルクハイマーのこの論考が発表されたのは、『社会研究誌』の「別冊」として刊行された「ベンヤミン追悼号」でした。そのことも踏まえてハーバーマスは、ホルクハイマーはここにおいて従来の正統的な唯物論的な歴史の捉え方からベンヤミンのラインに方向転換した、と評しています。こうして、アドルノとホルクハイマーというふたりの知的な歩みが、ベンヤミンの思考を焦点として交錯したとき、『啓蒙の弁証法』が共著として書かれることになりました。

『啓蒙の弁証法』を貫く問い

ようやく、『啓蒙の弁証法』について具体的に語ることができます。まずそれがどういう書物か、あらましを述べておきます。

二〇世紀の前半は文字どおり破局の時代でした。とりわけ、戦争や殺戮《さつりく》の規模の拡大とその手段の飛躍的な「発展」は、ほとんど壊滅的な印象をあたえます。機関銃が本格的に用いられたのは一九〇四年にはじまる日露戦争が最初であると言われます。戦車すら第一次世界大戦にいたってようやく登場します。それが、第二次世界大戦では空爆が一般化し、一九五二年には水爆実験の成功にまでいたります。そのあいだには、スターリンの「社会主義」政権の支配下で粛清の嵐が吹き荒れ、ヒトラーの「国民社会主義（ナチズム）」は占領地ポーランドに絶滅収容所をいくつも設置し、「民主主義の砦《とりで》」アメリカ合衆国によって原子爆弾が広島と長崎に投下されました。

このような二〇世紀の経験を省察するうえで、『啓蒙の弁証法』が切り拓《ひら》いたパースペクティヴはやはり決定的であると言わねばなりません。『啓蒙の弁証法』「序文」には、この書物における共同研究を導いた問いがこう記されています。「なぜ人類は真に人間的な状態に歩みゆく代わりに、一種の新しい野蛮状態に落ち込んでゆくのか」

ただし、『啓蒙の弁証法』の本文は、ナチスによるホロコースト、スターリンのもとでの粛清の詳細、さらには原爆投下といった事態が明らかになる以前に仕上げられていました。『啓蒙の弁証法』という書物を貫く問いの重さは、むしろこれらの事態が明らかになるにつれて、途方もない規模で確証されたのだと言えます。そして、『啓蒙の弁証法』における歴史哲学的考察は、つぎのふたつのテーゼを軸に展開されてゆきます。すなわち、「神話はすでにして啓蒙である」と「啓蒙は神話に退化する」です。

二〇世紀の大量殺戮が悲惨なのは、それがたんに太古的な野蛮の残存を印象づけるからではありません。逆にその野蛮な殺戮が高度な知によって媒介されているからこそ、私たちはいっそうやり切れない思いにかられます。ナチスの絶滅収容所は、「死の工場」と呼ばれるような、計画性をもったメカニズムをそなえていました。何万という人間を毎日殺害して焼却し、灰とするのには、それ相応の技術が必要です。

しかも、野蛮な殺戮を実現したものは技術としての知だけではありません。「ナチズム」

という理念のもとであれ、「社会主義」という理念のもとであれ、あるいは「民主主義」という理念のもとであれ、さらには「大東亜協栄圏」という理念のもとであれ、二〇世紀における大規模な殺戮はそれなりの根拠（理由＝理性）をおおっぴらに掲げて行なわれてきました。もちろん、太古の時代から、人類はたんに訳もなく殺し合ってきたのではないでしょう。心理的な不安や恐怖、「相手がさきにやったのだ」という理由から、生き延びるための必要悪にいたるまで、人類の太古における野蛮には、すでに根拠が、理性が、書き込まれていたに違いありません。そのような太古の野蛮以来の「神話と啓蒙の絡まり合い」を、二〇世紀はそれこそパノラマのように、しかも地球規模の現実として展開してみせたのです。

いったい文明化の歴史とは何だったのか。二〇世紀の経験が私たちに突きつけるこの問いを考えるうえで、『啓蒙の弁証法』が最大限の土俵をあたえてくれていることは確かです。

『啓蒙の弁証法』の特異性

それにしても、『啓蒙の弁証法』は特異な書物です。それは内容においてだけでなく、その構成においてもそうです。内容に立ち入る前に、その特異なところをいくつか確認しておく必要があるでしょう。この本は以下のように構成されています。

序文
啓蒙の概念
補論Ⅰ　オデュッセウスあるいは神話と啓蒙
補論Ⅱ　ジュリエットあるいは啓蒙と道徳
文化産業――大衆欺瞞《ぎまん》としての啓蒙
反ユダヤ主義の諸要素――啓蒙の限界
手記と草案

短い「序文」を受けて、「啓蒙の概念」と題された比較的長い本文がはじまり、それにふたつの「補論」が続いています（第二の補論に登場する「ジュリエット」はマルキ・ド・サドの『悪徳の栄え』の主人公ジュリエットです）。そのあとにふたつの論文が続き、さらに巻末には二四の断章が「手記と草案」と題されて収録されています。体系だった形で完成された書物ではありません。比較的大きな門構えのうしろに、いくつかの独立した塔をそびえさせながら、建築途中で放棄された館《やかた》とでも言えばいいでしょうか。とりわけ最後の断章群がその印象を強くさせます。そもそもこの本には、「哲学的断想」というサブタイトルが付されているのです。

しかも、これはアドルノとホルクハイマーの共著ですが、その際の「共著」という意味は通常よりも厳密に受けとる必要があります。つまり、ふたりの論文を一書として編んだものではなく、あくまでふたりの共同の討議にもとづいて成立した本です。具体的には、一九三九年の秋から書きつけられたそれぞれのメモをもとにして、一九四二年から一九四四年にかけて共同討議がなされて出来上がったと言われています。したがって、ヒトラーのポーランド侵攻に端を発した第二次世界大戦の勃発と、着々とファシズムがヨーロッパを制圧するかの状況を見据えながら、カリフォルニアでのふたりの緊密な共同作業にもとづいて仕上げられたもの、ということになります。

さらに、この本は一九四七年に、当時、亡命知識人が書物を刊行できる数少ない都市のひとつだったアムステルダムで刊行されますが、それに先立って、一九四四年にすでに仮綴《かりと》じのタイプ版が少部数で発行され、社会研究所のグループを中心に出回っていました。私は、水田《みずた》洋《ひろし》先生の所有されているその貴重な一冊を、徳永恂《とくながまこと》先生を介して見せていただいたことがあります。LP盤のレコード・ジャケットをすこし小さくしたくらいのほぼ正方形の判で、表紙には濃い朱色の厚紙が用いられていたと記憶しています。本文のタイプ文字による印刷は、インクの滲《にじ》んだ箇所はあるものの、ほぼ鮮明でした。しかし、左側を太いステープル針で綴じただけの、文字どおりの仮綴じ本でした。そのタイプ版のたたずまいは、この本の末尾近くの「プロパガンダ」と題された断章のつぎのような結びの言葉そのままに、アドルノとホルクハイマーの亡命者としての暗い意志を屹立《きつりつ》させていました。

もちろん、疑わしいのは、現実を地獄として描く振る舞いではなく、そこからの脱出を勧めるありきたりの誘いである。こんにち語りかける相手があるとすれば、それはいわゆる大衆でもなければ無力な個人でもなく、むしろ架空の証人である。われわれは彼に言い残しておく。すべてがわれわれとともに没落してしまわないように。

（ホルクハイマー／アドルノ『啓蒙の弁証法』）

まるで、沈没してゆく箱舟から放たれた投壜《とうびん》通信（これはアドルノが好きな比喩でした）、それが著者たちにとっての『啓蒙の弁証法』だったということがよく分かります。それでは、彼らがそこで言い残しておこうとしたことを、以下ではとくにオデュッセウス論にそくして確認したいと思います。最終的には「自然と文明との宥和《ゆうわ》」がいちばん大きなテーマであるとだけ、あらかじめ記しておきます。

「なぜ人類は真に人間的な状態に歩みゆく代わりに、一種の新しい野蛮状態に落ち込んでゆくのか？」――これが『啓蒙の弁証法』の歴史哲学的考察を貫く問いでした。亡命地アメリカで著者たちが見据えていた「新しい野蛮状態」とは、ファシズムがヨーロッパを席巻《せっけん》していったありさまであり、「社会主義国」ソ連における独裁と体制順応主義であり、デモクラシーの国アメリカにおける「文化産業」の肥大ぶりでした。文化産業が繁栄してどこが悪いのか、と問いたくなるところがあるかもしれませんが、どのような芸術作品であってもいっさいがその商品価値（売れるか、売れないか）を基準にして計られる社会というのは、著者たちにとっては文化の墓場に等しかったのです。

これらの事態は、著者たちにとって、「啓蒙」あるいは「脱魔術化」の過程としての文明の歩みそのものを疑わしめるに足る、文字どおりに出口なしの状況でした。この「野蛮」は啓蒙という人間の企図からの偶然的な逸脱ではなく、啓蒙あるいは文明化という「概念」そのもののうちに当初から胚胎《はいたい》していた事態なのではないか。そういう根本的な問いをたずさえて、著者たちは「西欧文明の原テクスト」であるホメロスの『オデュッセイア』にまでさかのぼって検証を試みるのです。

けれども、なぜ『オデュッセイア』なのでしょうか。『啓蒙の弁証法』を導いているのは、

「神話はすでにして啓蒙である」と「啓蒙は神話に退化する」というふたつのテーゼでした。つまり、啓蒙が神話に退化するという側面だけでなく、神話がすでに啓蒙であったという側面も、この書物は明らかにしようとします。ファシストたちはしばしば、近代的な知に対して「民族の神話」を対置しようとしました。そしてそこに、隘路《あいろ》に行き着いた近代社会を乗り越える、何かまったく別種の原理があるかのように言い立てていました。しかし、すでにして神話が啓蒙であるならば、そういうファシスト的な言説（麗しい民族の原郷としての神話的世界）の存在する余地もありません。その意味で、『啓蒙の弁証法』は、神話ないし啓蒙をそれぞれ一面的に美化したり神聖視したりする立場に対して、両面批判を提示しうる位置にあるのです。

『オデュッセイア』をはじめ古代の叙事詩は、さまざまな民間伝承（神話）を下敷きにしています。そして、アドルノ、ホルクハイマーがまずもって主張するのは、神話と叙事詩の概念的な区別です。ヴィーコがいち早く説いたとおり、神話はすでにして啓蒙、すなわち自然支配の企図とともにあります。しかし、その神話をあらためて叙事詩として語る『オデュッセイア』のうちには、その神話的世界を超え出ようとする契機が宿されているのではないか。先取りして言えば、著者たちはそこに小説を経てメルヘンに行き着くような省察の萌芽をも見て取ろうとします。

とはいえ、同時にこの脱出の試みは、神話的世界の暴力を返り血のように浴びてもいます。著者たちが『オデュッセイア』という叙事詩のうちに目撃しようとするのは、神話的世界から啓蒙的世界への単線的な発展史ではなく、神話と啓蒙を貫く、文字どおりに「啓蒙の弁証法」です。この弁証法を『オデュッセイア』というテクストは、西欧文明の出発点においてすでにみごとに体現している、と著者たちは考えたのです。

オデュッセウスとは何者か

ホメロスの『オデュッセイア』のなかで、オデュッセウスは、トロイア戦争を終えて故郷イタケーをめざして放浪するなか、さまざまな自然神の妨害に悩まされたことを語ります。そのなかで、それらの自然神の投げかける罠《わな》を巧みな「詭計《きけい》」を用いてまぬがれたことを、彼は伝えます。たとえば、ひとつ目の巨人、粗暴である一方、愚直なお人よしでもあるキュクロープスをやっつける際、オデュッセウスは自分のことを、英語で言えば「ノーバディ」と名乗ります。痛めつけられたキュクロープスが仲間に「ノーバディにやられた」と訴えても、仲間は「誰もやっつけはしなかった」とその言葉を受け取って、相手にしてくれません。

ホメロスはオデュッセウスを形容するのに、「知謀に長《た》けた」という表現をしばしば用いています。つまり、オデュッセウスはけっして腕力に長けた英雄ではなく、何よりも策略に長けた英雄、もっと言えば、とてもずる賢い領主なのです。自然神を策略によって欺くこのようなオデュッセウスのうちに、著者たちは人間による自然支配の端緒を見ます。つまりオデュッセウスの振る舞いは、自然神を欺くことで自然の圧倒的な魔力を解いて、はじめて人間による自然支配が可能になったことを示している、ということです。

同時に著者たちは、人間の内面が確立されてゆく過程をそこに読み込みます。生き延びるためには、さらには、生き延びて「帰郷」を果たすためには、自然神の誘惑に屈してはなりません。食べた者を幻覚へと誘い、帰郷のことも忘れ果ててしまうようにさせるという、あの蓮《はす》の実食いの国でのオデュッセウスの「理性的」な振る舞い――。彼は甘い蓮の実を貪《むさぼ》り食っている仲間を、泣き叫ぶのもかまわず容赦なく船へと急《せ》き立てます。そしてオデュッセウスは、そのような誘惑に打ち克《か》つ修練をつうじて、不屈の「自己」を獲得します。つまり、著者たちによれば、帰郷にいたるオデュッセウスの放浪が示しているのは、圧倒的な自然の猛威になすすべもなく玩弄《がんろう》されている段階からの、啓蒙的主体の離脱です。

けれども、だからこそオデュッセウスは同時に「諦念」のひとでもあります。外部にある自然の支配は、快楽に傾きがちな自らの内なる自然（欲望）の抑圧を代償として貫徹せざるをえないからです。著者たちによれば、自然支配という文明の歴史、啓蒙の過程は、同時に諦念の歴史にほかなりません。ここには、文明の発達とともにリビドーの自然な発露が妨げられるとする、フロイトの思想が明瞭に組み込まれています。

著者たちは、人間を衝《つ》き動かしている強力な原理のひとつに「自己保存」の衝動を置きます。自己保存の原理は彼らにおいて、いわば善悪の彼岸に置かれています。その点で著者たちは、唯物論的な伝統に忠実な、きわめて冷静な啓蒙家の立場にいます。もちろん、名誉のために英雄的な死を選びうることは人間の尊厳のひとつですが、それは一方で英雄的な自己を保存したいという、自己保存原理の昇華された形態であると言うことができますし、また他方で、恥も外聞も捨てて生にしがみつくという振る舞いは生きものとしてはむしろ当然なのであって、どんな理由からであれそれを逸脱するところには何か倒錯的なものがあるのではないか、と問うことも可能です。

オデュッセウスによる自然支配もまた、この「自己保存」という至上の目的のために遂行されます。けれども、自然支配が人間の内的な自然の抑圧をともなっているとすれば、そこにはきわめて逆説的な事態が待ち受けています。つまり、自己保存のために行なわれた自然支配は、保存するはずの当の自己（内的自然）を失うということです。したがって、内的自然を抑圧することによって確立される「自己」とは、保存すべきはずの自己そのものを喪失した、いわば空虚な自己ということになります。

この空虚な自己を充塡《じゅうてん》しうるものは何でしょうか。オデュッセウスの帰郷譚《たん》がその結末に準備しているのは、帰郷とともに発揮されるオデュッセウスの際限のない暴力です。彼はイタケーに帰り着くやいなや、自分の不在のあいだに妻に言い寄っていた求婚者たちを弓や刀で文字どおり殲滅《せんめつ》しつくします。ホメロスの叙述は、どんな命乞いをする者も理不尽なまでに殺しつくすオデュッセウスの振る舞いを克明に伝えています。全身に返り血を浴びて「牛を喰《く》らった獅子《しし》」のように広間に立ちつくすオデュッセウス――。しかも彼は、これらの求婚者たちとつうじていた侍女たちに対しても容赦しません。彼は侍女たちを集め、館のなかの死体を片づけさせ、広間をきれいに整理させ、そのうえで、柱にわたした船の太い綱で「まるで罠にかかった鳥のように」彼女らを縊《くび》り殺します。その姿は、彼が帰郷の途上で支配してきた外的自然の暴力が、まるで彼のうちにそのままそっくり内面化されたかのようです。

暴力を超え出るもの①――メルヘンの語り口

著者たちは、このようなオデュッセウスの物語に「主体性の原史」を読み取り、そこにすでに現在の「新しい野蛮」が告知されている、と言います。「原史」というのは、個別的な歴史現象を可能にしている、原型的な歴史という意味です。『オデュッセイア』が示しているように、自然の支配が自然の暴力の内面化に過ぎず、主体の確立が同時に主体の廃棄であるのならば、新しい野蛮を克服しうるどのような可能性も「啓蒙」のうちには存在しないかのようです。『オデュッセイア』にそくして『啓蒙の弁証法』が私たちにあたえるヴィジョンは暗澹《あんたん》たるものと思われます。けれどもこの本の「序文」のなかで著者たちは、このような啓蒙への仮借のない批判をつうじて「啓蒙についてのある積極的な概念を準備する」と言い、「肝心なのは過去の保存ではなく、過ぎ去った希望を請け戻すことなのだ」と記しています。

『啓蒙の弁証法』の否定的な叙述のなかには、目立たない形ではありますが、神話と啓蒙の暴力的な絡まり合いを超え出る契機がいくつか記されています。たとえば、『オデュッセイア』に関して言えば、「主体性の原史」はオデュッセウスの際限のない暴力に極まるだけではありません。何よりも、この叙事詩が現に存在するということは、そういうオデュッセウスの凶行を冷徹に語り継ぐ主体の存在をも暗示しています。「神話的な歌声に対立する言語、すなわち、過去の災いをしっかりと記憶にとどめておく可能性をそなえた語ることそのものこそは、ホメロスの脱出の法則である」と著者たちは記しています。

ホメロスの語り口は、合唱の一員のように神話的暴力のなかに自らも呑《の》み込まれてしまうのではなく、神話と啓蒙を貫く暴力をいわば踵《きびす》を接するように追跡し報告します。著者たちは、このホメロス的な「語る主体」のうちに、「物語を語る瞬間に暴力を停止させる自己省察」の能力を見とどけようとします。そして、そのような語り口の可能性を、ホメロス的な叙事詩から小説を経てメルヘンのうちへと引き継がれたものとして解釈します。メルヘンはしばしば「昔々のことでした」という言葉で語り起こされますが、あの常套《じょうとう》的なメルヘンの語り口について、著者たちはオデュッセウス論の末尾でこう評しています。

しかし、凶行の報告において希望のかけられる点は、それがもうはるか以前のことである、というところにある。原始と野蛮と文化の絡まり合いに対してホメロスの差し伸べる慰めの手は、「昔々のことでした」という追想のうちにある。小説としてはじめて叙事詩はメルヘンに移行するのである。（同前）

ここで注意しなければならないのは、この語り口は、神話と啓蒙を貫く陰惨な暴力を、現在と関わりのない過去の出来事として忘却に引き渡すのではけっしてない、ということです。たんに忘却するためであれば、語らなければいいのですから。どんな悲惨な絶望的事態であれ、それを語るという振る舞いには、ほとんど祈りのような現実との関係がこめられていますす。メルヘンの語り口は忘却をうながすのではありません。それはむしろ、過去の出来事をこの現在においても反復しているアクチュアルな事象として呼び出しつつ、まさにそのことによって、その現在の悲惨がいつか移ろいゆく彼方《かなた》を遠い追憶のように喚起するのです。したがって、著者たちにとってメルヘンはたんなる夢物語ではまったくなく、叙事詩的語り、さらには小説的語りが作り出す出来事との距離を時間軸に引き込むことによって、それを未来へと反転させるユートピア的装置として位置づけられている、と考えることができます。

ここでさらに重要なことは、そのようなメルヘンが呼び起こす、未来へと向けてなされる追憶と省察の瞬間が、たんに『オデュッセイア』のなかだけでなく、『啓蒙の弁証法』が参照しているサドやニーチェの著作のうちに、さらにはそういう著作にそくして神話と啓蒙の悲惨な絡まり合いを報告する『啓蒙の弁証法』の本文それ自体のうちにも、微視的《ミクロロギー》に看取されねばならない、ということです。『啓蒙の弁証法』という暗い書物それ自体が、まさしくそのような一篇のメルヘンとして読まれねばならないのです。

暴力を超え出るもの②――自然の追想

著者たちは、このような語る主体の自己省察の能力に、自然への追想（自然を想起すること）の可能性を重ねています。第一論文「啓蒙の概念」にはこう記されています。「主体における自然への追想、その遂行にあらゆる文化の正しく認識されたことのない真理が潜んでいるのであって、そういう追想によって、啓蒙は支配一般に対立する」

このように著者たちは、自然支配とはべつの「啓蒙」の姿を、自然への追想に認めようとしています。ただし、その際の「自然」は、かつてのように圧倒的な猛威を揮《ふる》うものではなく、傷つけられ、力を奪われた「自然」です。つまり、自然への追想といっても、人間による自然支配が行なわれる以前の原初的な自然に想いをいたせ、というのではありません。著者たちにとって、啓蒙以前の自然とは、あくまで闇雲な自然の連関——野蛮——に過ぎません。あるいは、マルクスも指摘しているとおり、歴史以前の自然などもはやどこにも存在していないと言うべきでしょう。

けれども、啓蒙による外的な自然および内的な自然の合理的支配は、私たちがさまざまな局面でぶつかる自然性そのものを無化できているのではありません。等価交換という合理性によって全面的に浸透されているはずの市民社会は、発展すればするほど見通しがたい経済の自然法則性によって支配されています。景気の変動はいまもまるで制御不可能な気象のように不意に訪れ、「バブルの崩壊」という物理的な比喩を、私たちは何の違和感もなく現に使用しています。一方、合理的・道徳的な生活規範によってすみずみまで規律づけられているはずの市民は、自らの抑圧された欲望（内的自然）との葛藤のなかで、ときに病的な退行現象を暴発させながら、日々疲弊した姿をさらしています。

著者たちが追想しようとする「自然」とは、歴史以前のそれではなく、歴史のただなかで、しかも自然支配の最前線・最先端でつねに現われてこざるをえない、そのような「自然的なもの」である、と言うことができます。つまり、いまや保護林に指定されているような「原生林」や探検隊が繰り返し訪れる「秘境」ではなく、歴史の最前線における自然的なもののうちにこそ、太古的な自然の痕跡が刻まれているのです。そのような自然をふたたび制御・支配しようとするのではなく、それと向き合うこと、そして、そこから、たんなる自然支配とは別の自然との関係を模索すること。著者たちはその点に、神話と啓蒙の暴力的な絡まり合いを超え出る可能性を、かろうじて垣間見《かいまみ》ようとしていると言えます。

省察の言葉と表現の言葉

したがって、『啓蒙の弁証法』で著者たちが「請け戻」そうとしている「希望」は、大きく分けてふたつあることになる、と思います。

ひとつは、ホメロス的な語りから引き継がれ、メルヘンのうちに確保されているような、自己省察の能力です。この自己省察の力は本来、伝統的に哲学がその推進力としてきたはずのものですが、現在において通常の哲学は現実の暴力的支配と固い同盟関係にあると著者たちは見なしています。挑発的に言えば、哲学はメルヘンへと移行することによってはじめて、ホメロス以来の語りのもつ「過ぎ去った希望」を請け戻すことができるのです。その際著者たちは、哲学の言語であるほかならぬ「概念」のうちにも、そういうメルヘン的な層がいまもかろうじて沈殿していると考えています。

もうひとつは、抑圧され力を奪われた自然（外的な自然と内的な自然）とともに語ろうとする衝動です。自然支配は全面的になればなるほど自らの支配の手をすり抜けるものを生み出してしまいます。そのような自然は、人間の外部においても内部においても、そもそも何のための支配か、という問いかけを、あらゆる自然支配に影のように寄り添わせます。自然支配は、最終的には自然に対する根絶の意志すら発揮しますが、やはりこの影までをけっして根絶することはできません。とくにアドルノは後年、支配の手をすり抜けるそのようなものを「非同一的なもの」と呼びます。

そしてここで、いまあげた請け戻されるべきふたつの希望を切り離すこともできません。なぜなら、自然支配を停止させる自己省察が可能なのは、主体のうちになお自然の受苦を語ろうとする衝動がかろうじて生き延びているからであり、逆にまた、自己省察のもたらす沈黙においてこそ自然の受苦はかすかに聴き取られるはずだからです。

省察の言葉である「概念」、叙事詩から小説を経てメルヘンに引き継がれた自己省察としての「概念」を伝統的に哲学が保持してきたとすれば、自然の受苦を口に出そうという広い意味での表現の言葉は、もっぱら芸術が担ってきました。哲学がもつ省察の言葉と芸術がもつ表現の言葉、このふたつの契機とその関係を、神話と啓蒙の絡まり合った現実という全体のなかでどのように認識し救出しうるか。このように見取り図を描けば、『啓蒙の弁証法』という暗い書物が指し示している、もっとも積極的な「希望」のありかを私たちは手探りすることができるはずです。省察の言葉がその沈黙のうちに表現の言葉を深々と受け入れるとき、あるいは、表現の言葉がその周囲に省察の言葉を磁石のように引き寄せるとき、自然と文明の宥和というユートピアはかすかな予感として目撃されたり聴取されたりすることができるはずです。

しかし、近代的な主体がそうであるように、芸術もまた神話と啓蒙の絡まり合いのうちにその固有の出自をそなえています。『オデュッセイア』のなかの印象的なエピソードのひとつ、セイレーンの物語は、著者たちによっていわば「芸術の原史」を記述したものとしてみごとなアレゴリー解釈がほどこされています。芸術がそもそも自然の受苦を語る表現として成立したのはどのようにしてか、それを最後に確認したいと思います。

芸術の原史

オデュッセウスは故郷イタケーへ帰る途中、ある島のわきを通らねばなりません。その島には女神セイレーンたちが住んでいて、通りすがりの船人に甘い歌声で誘いかけます。けれども彼女たちのまわりに堆《うずたか》く積もっているのは、白骨であり干からびた皮です。つまり、彼女たちの歌声に魅せられた者たちは、帰るべき故郷、自分を待ち受けている妻や子どものことも忘れはてて、没落してゆくのです。

このオデュッセウスには、さながら夕暮れの繁華街を通り過ぎて、家路を急ぐサラリーマンの姿が重なりますが、ともあれ、ここでもオデュッセウスは持ち前の策略を弄します（これが女神キルケーのアドヴァイスによる点も興味深いところですが、著者たちはその点にはふれていません）。彼は、セイレーンの歌がどれほど恐ろしいものか重々言い含めて、仲間の耳には蜜《みつ》の蠟《ろう》を詰めて栓をし、自分の体はマストに縛りつけさせます。その島に近づき、セイレーンたちが呼びかけると、オデュッセウスはたちまちその誘惑の虜《とりこ》となって、縄を解くよう仲間たちに懸命に目配せをします。けれども仲間たちは、危険な歌から逃れようと一心に櫂《かい》を漕《こ》ぎます。むしろオデュッセウスは仲間たちの手によって、さらに何重にもきつく縛りなおされます……。

著者たちが注目するのは、セイレーンの歌が過去への自失を誘うものだという点です。セイレーンたちは過去の出来事をすべて知っていると歌いかけます。それは、刻苦を経て到達される未来、最終的な帰郷という目的を放棄させるだけでなく、文明の歩みそのものを停止させ、やがては破滅へと引きずりこむ、文明に対するタナトス（死の欲動）の呼び声そのものなのです。

オデュッセウスは、すなわち西欧文明は、巧妙な策略をつうじてこの危険を乗り切りました。オデュッセウスは歌を聴きつつ生き延びるという新たな経験を積みました。その際、彼の航海の模様は、西欧文明のその後の展開を先取りし、その本質を浮き彫りにしているのです。そこに刻印されているのは、外的な自然の支配と内的な自然の支配、そして人間による人間の社会的支配（身分制と分業）の絡まり合いのうちに自律化を遂げてゆく「芸術」の姿にほかなりません。以下は、『啓蒙の弁証法』のなかでもとくに印象深い一節ですので、長く引用しておきたいと思います（引用は「啓蒙の概念」の後半からです）。

オデュッセウスは歌声を聴く。だが、彼は力なくマストに縛りつけられたままだ。誘惑が強まれば強まるほど、彼はいっそう固く縛られる。ちょうどのちの市民たちが、彼ら自身の力の増大とともに幸福が身近なものになればなるほど、それをいっそう頑なに自ら拒んだように。〔……〕自らは歌を聴くことのない仲間たちは、歌の危険を知っているだけで、その美を知らない。オデュッセウスと自分たちを救うために、彼らはオデュッセウスをマストに縛ったままにしておく。彼らは抑圧者の生命を自分たちの生命とひとつのものとして再生産するのである。しかも、抑圧者はもはやその社会的役割から抜け出ることはできない。彼を取り消しようのない形で実践に縛りつけている縄は、同時にセイレーンたちを実践から遠ざけている。つまり、彼女たちの誘惑は中和化されて、たんなる瞑想《めいそう》の対象に、芸術になるのだ。縛られている者はいわばコンサート会場にいる、のちの聴衆のように、身じろぎもせず、じっと耳を澄まして。そして、解放をもとめる彼の高ぶった叫びも、拍手喝采の響きと同様に、たちまち虚《うつ》ろに消え去ってゆく。こうして先史世界との離別に際して、芸術の享受と肉体労働とは別々の道を歩むのである。（同前）

著者たちの考えによれば、先史世界において歌声は生活と具体的に結びついていました。祭祀《さいし》や儀礼のなかで歌はなお呪術的な力を発揮していました。神々の怒りを宥《なだ》めたり、部族を守護したり、豊穣《ほうじょう》を祈願したりする「実践」と融合していました。そのとき歌は、聴く者に何らかの形で働きかける力を有していたわけです。セイレーンの歌の危険な魅力は、そういう先史世界における歌の記憶も伝えています。歌の美にふれた者は、もはやその魔圏の外に逃れ出ることはできません。美の魅力にとりつかれた者は、自己保存を不可欠とする社会の発展から取り残され、没落の憂き目に遭うことになります。

ところが、精神労働（オデュッセウス）と肉体労働（船の漕ぎ手たち）への巧妙な分割に依拠して歌を聴きつつ生き延びるオデュッセウスの登場によって、セイレーンたちの支配する世界秩序は崩壊します。オイディプス（エディプス）に謎を解かれることによってスフィンクスが谷に身を投じたように、オデュッセウスの策略によってセイレーンたちは破滅したに違いありません。そのことによって、いまや歌の意味は決定的に反転します。かつて一切を要求した歌声は、もはや現実へのどんな働きかけももちえない、という意味で「絶対的なもの」となります。歌あるいは美は、現実の生活のどんな目的にも仕えないものとして「自律性」を獲得します。

それは、歌が芸術的な美へと純化されるとともに、無力化されてゆくプロセスです。労働に勤《いそ》しむ者はもはや、耳に栓などしていなくても歌に心を奪われたりはしません。たとえ歌が流されたとしても、それは、耐えがたい労働をすこしでも効率よく進行させるためのBGMに過ぎません。一方、歌を美として享受する者たちは、しょせん歌のもつ美は実生活とは別物だと心得ていて、もはや縛られていなくても持ち場を離れないだけの分別を内面化しています。これらの事態に横たわっているのは、分業の固定化というまぎれもない社会的支配です。

社会構想に必要な思考と感性

以上、オデュッセウス論を中心に、『啓蒙の弁証法』の中心的な思想を立ち入って紹介しました。確かに、だからこうすればいいという具体的な社会イメージは、ここからは簡単に出てこないかもしれません。しかし、何か理想社会のようなものを想い描くよりも、私たち自身が内的な自然を現に抱えていること、あるいは外的な自然と内的な自然の狭間《はざま》に置かれていること、そのことを現実のあらゆる局面で確認することは、あるべき社会を私たちが構想する手始めとなるはずです。逆に言うと、そこを外した社会構想はどこかで歪《ゆが》みをもたらします。まずもってその歪みに気づく手立てを、私たちは失ってはなりません。その際に必要な思考と感性を、『啓蒙の弁証法』はかけがえのない形で私たちに示唆してくれていると私は思います。

一九六〇年代から七〇年代にかけて、フランクフルト学派には新左翼系過激派の理論的支柱というような位置づけさえあたえられますが、フランクフルト学派を代表する著作『啓蒙の弁証法』に関するかぎり、そのような理解がかなり的外れであることはよく理解していただけたのではないかと思います。ミメーシスという概念や文化産業批判など、まだまだ論ずべき点は多いのですが、このあたりで『啓蒙の弁証法』の紹介は終え、足りない点は次章で補いたいと思います。

フランツ・ノイマンのナチズム分析

『啓蒙の弁証法』が西欧文明全体の歴史のなかでナチズムをふくめた現状批判を試みたのに対して、これとはまったく別種のアプローチでナチズムと取り組んだ成果がフランツ・ノイマンの大著『ビヒモス』でした。

フランツ・ノイマン（Franz Nuemann）は、フロムと同年、一九〇〇年にユダヤ系の家庭に生まれましたが、彼は、他のメンバーとは異なった経歴の持ち主でした。彼は学生時代、哲学や文学ではなく法律学を学び、ワイマール時代には社会民主党左派の立場で積極的に政治活動にコミットしていました。その結果、彼は一九三三年四月には逮捕されるにいたります。このあたりの政治経験はマルクーゼとも近く、ノイマンがスイスで五三歳の若さで事故死したとき、マルクーゼがノイマンの政治論集『民主主義国家と権威主義国家』（邦題『政治権力と人間の自由』）を編集する動機にもなっていると思います。

ノイマンは幸い、逮捕の一ヵ月後、ロンドンに逃れることができました。彼はそこで著名な政治学者ハロルド・ラスキのもとで、あらためて政治理論の研究に入りました。こうして、ノイマンが一九三六年に合衆国にわたり、社会研究所のメンバーとなったとき、彼は法律学を背景とした政治理論家として迎えられることになりました。ノイマンは、膨大な資料を収集しながら、ナチスの国民社会主義というイデオロギーのもとで、いったいどんな国家運営

ノイマン

がなされているのかを、いわばリアルタイムで検討する仕事に従事しました。その成果が『ビヒモス』であり、初版が一九四二年に、増補版が一九四四年に刊行されました。いずれもナチス体制が崩壊する以前に刊行されたことになりますが、ナチズムに対する実証的な研究として、いまでもナチズム研究の古典とされています。ちなみに、「ビヒモス」というのは、旧約聖書に登場する、恐怖の支配を行なう怪物の名前です。

ただし、ノイマンの捉えるナチス体制には、ホルクハイマーやポロックが当時考えていた方向とは対立するところがありました。ホルクハイマーが「権威主義的国家」という概念を提唱したとき、その背景には、ポロックが唱えていた「国家資本主義」という捉え方がありました。資本主義がそのまま国家の統制のもとに置かれているようなあり方です。これに対してノイマンは『ビヒモス』のなかで、マルクス主義経済学者ヒルファーディングを援用して「国家資本主義」という名称はそれ自体が形容矛盾であると反論するとともに、ナチス経済の実態を分析して、「国家資本主義」と呼べるような計画的な統制はまったく実現していない、と論じました。また、ヒトラーのカリスマ性を分析するうえでも、フロイトの理論を用いることはしませんでした。これはもちろん、フロム以来のマルクスとフロイトの統合という方向とは異なります。これらの点で、ノイマンのナチズム分析は社会研究所の主流からは外れた点がありました。

とはいえ、合衆国において『ビヒモス』の反響は大きく、社会研究所がコロンビア大学と提携して行なっていた講義でも、ノイマンが登場するといつも多数の聴講者が集まったといいます。確かに、合衆国の学生や市民にとって、ドイツ観念論をも背景としたホルクハイマーなどの講義よりも、ノイマンの語り口のほうがよほど親しみやすかったに違いありません。その結果、ノイマンはコロンビア大学の正規の教授職に就くことになりました。

第5章 「アウシュヴィッツのあとで詩を書くことは野蛮である」
――アドルノと戦後ドイツ

帰国後のホルクハイマーとアドルノ

一九四五年四月三〇日、ソ連軍の包囲下にあったベルリンの地下壕《ちかごう》でヒトラーは自殺を遂げ、五月八日、ドイツが全面降伏して、ヨーロッパにおける第二次世界大戦は終わりました。アジアでの戦争はさらに継続されましたが、八月一五日、日本の無条件降伏によって、第二次世界大戦が終結することになりました。この戦争では、全世界で数千万人におよぶ兵士と民間人が死んだと言われています。負傷者までくわえればその数は想像を絶するものがあります。アメリカ合衆国とソ連を二大大国とする冷戦下で、戦後のドイツは西ドイツと東ドイツに分断され、一九九〇年に統一ドイツが実現されるまで、それぞれに困難な歩みを続けることになります。

ドイツの敗戦に先立って、一九四五年一月、ソ連軍がアウシュヴィッツの絶滅収容所を解放して以来、ナチス支配下で行なわれたホロコーストの実態が次第に明らかになりました。ナチスが掲げていた反ユダヤ主義というイデオロギーは、ヨーロッパの占領地域におけるユダヤ人の絶滅という政策を実行するにいたっていたのでした。あわせて六〇〇万人にもおよぶユダヤ人の殺戮《さつりく》という現実を、戦後のドイツは抱えることになりました。繰り返すと「なぜ人類は真に人間的な状態に歩みゆく代わりに、一種の新しい野蛮状態に落ち込んでゆくのか」——前章で確認した『啓蒙の弁証法』を貫く問いは、戦後ドイツ、とりわけ西ドイツの知識人にとって、切実なものとならざるをえませんでした。

ホルクハイマーは一九四七年に、『啓蒙の弁証法』を下敷きにした、コロンビア大学での公開講座にもとづいて『理性の腐蝕《ふしょく》』という書物を英語で刊行します。そこでホルクハイマーは、かつては世界の秩序を包括的に捉える働きをそなえていた理性（客観的理性）が主観化し、さらに、目的に対して手段を重視することによってその理性は道具化した、という批判を提示しています。これ以降、ホルクハイマーのかつての批判的理論は道具的理性の批判という形態を帯びることになります。

とはいえ、ホルクハイマーは戦後、けっして華々しい理論活動を展開することはありませんでした。一九三〇年代に『社会研究誌』に書き継いだ論考を単行本として出版することにも、彼はためらいを示し続けました。『道具的理性批判』という総タイトルのもと、『理性の腐蝕』と合わせてそれらの論考がドイツ語版で出版されたのは、一九六七年のことでした。戦後、社会研究所では、一九三〇年代の『社会研究誌』は地下室の木箱に封印されて、閲読もできない状態に置かれていたといいます。戦後のドイツで「マルクス主義者」と名指されることへの警戒心が、ホルクハイマーのなかではそうとう強く働いていたようです。

また、アドルノが懇請したにもかかわらず、『啓蒙の弁証法』の再版もホルクハイマーは拒みつづけ、短い付記とともに『啓蒙の弁証法』の新版が出版されたのは、一九六九年、振り返ってみれば、アドルノが心臓発作で亡くなる年のことでした。アドルノの死は一九六九年八月六日です。この新版への短い付記は一九六九年四月の日付で、ホルクハイマーとアドルノの連名で記されています。ですから、『啓蒙の弁証法』の新版は、アドルノの死の直前に刊行されたのだと思われます。その間、西ドイツではいわゆる海賊版がずいぶん出回っていたと言われます。

いずれにしろ、一九三〇年代の論考も『啓蒙の弁証法』もホルクハイマーの戦後の活動の前提とは必ずしも位置づけられなかったのに対して、アドルノは一九四九年に出版された『新音楽の哲学』を『啓蒙の弁証法』の詳細な補論」と呼んで以降、一貫して『啓蒙の弁証法』の延長で自らの思考を展開してゆきました。こうして、戦後の「フランクフルト学派」の理論的な中心は、ホルクハイマーからアドルノに移ることになりました。

メディアでの活躍

アドルノがホルクハイマーとともに西ドイツに帰還したのは、一九四九年の末でした。フランクフルト市民は彼らを熱狂的に迎えたと言われています。彼らはフランクフルト大学の教授職に復帰するとともに、社会研究所の再建に努め、一九五一年には社会研究所が正式に活動を再開します。一九五八年にはアドルノが社会研究所の所長に就任します。帰国以来、その突然の死にいたるまでの二〇年弱のあいだ、哲学はもとより、音楽学、社会学、文学、心理学（フロイト論）にわたる幅広い分野で、膨大な著作を書き継ぎながら、アドルノは戦後ドイツ（西ドイツ）を代表する批判的な知識人として活動を続けました。

アドルノが戦後ドイツで受け入れられたのは、まずもってアフォリズム集『ミニマ・モラリア』の著者として、でした。『ミニマ・モラリア』は、一九四四年から一九四七年にかけて、亡命地のロスアンゼルスで書き継がれた一五三の断章を三部にまとめたものです。一九五一年に刊行されたこの本は、半年のあいだにドイツ語圏でおよそ六〇もの新聞・雑誌で書評の対象となったと言われています。タイトルの「ミニマ・モラリア」は「最小の道徳」の意味で、通常アリストテレスの作と伝えられてきた倫理学の書『マグナ・モラリア』（大道徳学）の現代における不可能性を踏まえて付けられています。

よく引かれる「全体は真ならざるものである」や「自分自身を理解していない思想だけが真である」といった短いアフォリズムから、比較的長文の論考までさまざまな形式の文章が収められていますが、取り上げられているテーマも多彩です。亡命者が遭遇する生活上の困難にしばしば話題がおよんでいます。全体を貫いているのは、まさしく亡命者の自己意識とも呼ぶべき、沈痛な文体です。けれどもそこにはそれを同時に、どんな悲劇的な状況においても、アドルノの精神は思考の遊戯の糧《かて》へと転じてゆく、のゆたかさが横溢《おういつ》しています。後年の哲学的主著『否定弁証法』（一九六六年）や遺著として公刊された『美の理論』（一九七〇年）よりも、この本のスタイルを好む読者はいまも多いのですが、ハーバーマスなどはこの『ミニマ・モラリア』をいささか挑発的にアドルノの主著とさえ呼んでいます。『アドルノ伝』の著者、ミュラー＝ドームによれば、初版以来五〇年で、『ミニマ・モラリア』は一〇万部のロングセラーということです。

再建された社会研究所（フランクフルト、1951年）

アドルノ

同様に、ドイツでロングセラーとなっているアドルノの本に『自律への教育』があります。こちらは、アドルノのラジオ講演やラジオでの対談を中心に編んだもので、アドルノの死の翌年、一九七〇年に初版が刊行されました。その内容はアドルノの戦後ドイツにおける位置を私たちによく伝えてくれます。すなわち、アドルノは「過去の総括とは何を意味するのか」、「アウシュヴィッツ以後の教育」、「野蛮から脱するための教育」といったテーマで、ラジオから聴取者に繰り返し語りかけていたのでした。

戦後ドイツ（西ドイツ）でアドルノは、ラジオ、テレビなどのメディアに頻繁に登場していました。とくにラジオでの放送は二〇年間で三〇〇回におよんだと言われています。『啓蒙の弁証法』の文化産業論で、テレビ、ラジオをふくめて文化産業の現状をこっぴどく批判したアドルノですが、たんにメディア嫌いというのではなく、むしろ新しいメディアを積極的に活用していた側面があったことも、私たちは忘れるわけにはゆきません。そして、そのアドルノがそれらのメディアから語りかけたテーマには、つねにドイツの過去への問いなおし、とりわけアウシュヴィッツの問題が関わっていました。

アウシュヴィッツ命題

本書の「はじめに」で紹介したとおり、「アウシュヴィッツのあとで詩を書くことは野蛮である」というアドルノの言葉は、戦後ドイツでナチス時代を反省する際に不可欠のものとなりました。この言葉は、それこそ戦後ドイツを代表するアフォリズムといった位置も獲得することになります。とはいえ、元来、アドルノのこの言葉はアフォリズムとして独立して書かれたものではありませんでした。一九五五年に刊行されたアドルノの代表的な論集『プリズメン』の巻頭に収められた論考「文化批判と社会」（執筆一九四九年、初出一九五一年）の終わりのほうに記されていた言葉でした。文脈を確認するために、その前後をふくめて引用すると、以下のとおりです。

社会が全体的になればなるほど、精神もまたいっそう物象化され、この物象化から自力で身を振りほどこうとする精神の試みは、いっそう背理的となる。宿命についての極限的な意識さえも、おしゃべりへと変質する危険にたえず曝《さら》されている。文化批判が直面しているのは、文化と野蛮の弁証法の最終段階である。すなわち、アウシュヴィッツのあとで詩を書くことは野蛮であり、そしてこのことが、こんにち詩を書くことがなぜ不可能になったかを語り出す認識をも蝕《むしば》むのである。物象化は精神の進歩を自らのさまざまな要素のひとつとして前提としていたが、こんにち物象化は完全に精神を呑《の》み込もうとしている。自己満足的な観照という姿で自らのもとにとどまっているかぎり、批判的精神はこの絶対的な物象化に太刀打《たちう》ちできないのである。
（アドルノ『プリズメン』）

これは論考「文化批判と社会」の結びの言葉です。アドルノ特有の言い回しや語彙《ごい》が頻出していてなじみのない読者には一見読みにくいかもしれませんが、この一節の大枠を理解するのはさほど困難ではないでしょう。文化の営みがもっぱら文化財や商品として流通する物象化によって全面的に支配された社会は、「文化と野蛮の弁証法の最終段階」に到達している、という危機的な認識がここでは語られています。かつては、物象化を推進するためには「精神の進歩」が不可欠とされていたが、もうそんな進歩も必要とされない社会。それは、前章で確認したように、たんにナチスという過去だけでなく、合衆国に代表される先進的な民主主義国をも覆っている事態でした。そのことを明瞭に確認する命題として「アウシュヴィッツ」に関わる言葉が記されています。

そして、さらにその命題とともに、ここでアドルノがそもそも現在、詩を書くことは不可能になったということを前提にしていることも重要です。この点は、のちに見る、戦後ドイツを代表する詩人エンツェンスベルガーとの応答において焦点化される問題でもあります。

さらに、右の引用の末尾で、「自己満足的な観照という姿で自らのもとにとどまっているかぎり、批判的精神はこの絶対的な物象化に太刀打ちできない」とアドルノが記している点にも注目しておいていいでしょう。逆に積極的に言うと、「自己満足的な観照」というありかたを克服するかぎりでは、「絶対的な物象化」に対して「批判的精神」は立ち向かうことができる、ということにもなります。こういう文脈からすると、アドルノのアウシュヴィッツに関わる言葉はいくらかひとり歩きしてしまった印象がありますが、たとえば日本の優れた思想家で、こういう簡潔な言葉で戦後社会をリードできたひとがいたかと問うと、やはりアドルノのこの言葉は貴重なものだと思えます。

アドルノが否定しているのはあくまで抒情詩であって、アウシュヴィッツ以降も叙事詩なら書くことは可能だ、あるいは詩はやめて小説に向かうべきだといった、かなりとんちんかんな理解もありました。とはいえ、アドルノの言葉は本筋では、詩人はもとより、作家、知識人に深刻に受けとめられました。たとえばのちにノーベル文学賞を受賞する作家ギュンター・グラス——彼は詩も書いています——は、アドルノのこの言葉に接して、アウシュヴィッツ以降の時代に創作しようとする作家はそれまでとは異なった小説を書かねばならない、と強く感じたといいます。そういう受けとめこそが、アドルノの意に沿うものだったでしょう。

エンツェンスベルガーとの関係

ハンス・マグヌス・エンツェンスベルガーは、奇《く》しくもハーバーマスと同じ一九二九年に生まれています。彼は詩集『羊たちに抗して狼《おおかみ》たちを擁護する』(一九五七年)で鮮烈にデビューし、優れた言語感覚と社会への批評性をもった、ブレヒト以来最良の詩人と評されました。エンツェンスベルガーは、一九五九年、アドルノもしばしば寄稿していた西ドイツの代表的な批評誌『メルクーア』に発表したネリ・ザックス論のなかで、アドルノのアウシュヴィッツに関わる命題に対して果敢にこう「反論」を提示しました。

哲学者テオドーア・W・アドルノは、われわれの時代に下される、もっとも厳しい判決のひとつである命題を語った。すなわち、アウシュヴィッツのあとで詩を書くことはもはや不可能である、と。もしもわれわれが生き延びようと望むなら、この命題は反駁《はんばく》されねばならない。それをなしうるのはわずかの者であり、ネリ・ザックスはそのわずかのひとりだ。彼女の言葉には救出する何かが宿っている。彼女は語ることによって、われわれがいまにも失おうとしているもの、すなわち言葉を、一文ごとにわれわれ自身にあたえ返してくれるのである。

（エンツェンスベルガー『現代の詩と政治』）

ネリ・ザックスはのちにノーベル文学賞も受賞する、一八九一年にベルリンで生まれたユダヤ系の詩人です。彼女は一九四〇年五月に、ナチスの手を逃れて、年老いていた母とふたりスウェーデンのストックホルムに渡り、以後そこに暮らし続けていました。彼女は直接的また間接的に、「アウシュヴィッツ」にいたる同胞の運命を神話的な形象世界のなかに描き続けました。彼女は、アウシュヴィッツのあとで詩を書くことが不可能などころか、アウシュヴィッツのあとだからこそ詩を書かねばならなかった、そういう詩人のひとりです。エンツェンスベルガーにとって、彼女の作品は、アドルノの命題に反論するかけがえのない具体例であって、まだドイツ語圏ではさほど知られていなかった彼女の詩を、若い世代の彼は積極的に紹介したのです。

とはいえ、エンツェンスベルガーはアドルノの命題を単純に否定したのではありません。エンツェンスベルガーの主張からしても、アドルノの命題を「反駁」できるのは、エンツェンスベルガー本人ではなく、あくまでネリ・ザックスそのひとです。しかも、この数年後、アドルノの還暦を記念する論集に、エンツェンスベルガーは「難しい仕事」と題された詩を寄せます。詩集に収録する際には「テオドーア・W・アドルノのために」という献辞を添えられたその詩はこうはじまります。

ほかのひとびとの名において
忍耐強く
そんなことについて何ひとつ知らないほかのひとびとの名において
忍耐強く
そんなことについて何ひとつ知りたくもないほかのひとびとの名において
忍耐強く
否定の痛みを手離さないこと

（エンツェンスベルガー『点字』）

これは明らかにアドルノ讃という意味合いをもった詩です。元来アドルノの還暦記念論集に寄せられた詩だから、というだけではありません。この詩を書いたのとほぼ同じとき、エンツェンスベルガーはアドルノと自分の姿を同一視さえしていたことがうかがえるのです。つまり、一九六三年にビューヒナー賞を授与された際、彼はその受賞者としての講演をこう結ぶのです。

最後に、この建物の手前にとどまっていて、ここで何が行なわれようとおそらくまったく無関係であって、ここで何が行なわれているか知りたくもない、といったひとびとすべてのことについて考えるのをお許しください。私は彼らの名において語っているのです。

（エンツェンスベルガー『何よりだめなドイツ』）

さきの詩とこの結びの言葉を重ねるなら、エンツェンスベルガーがアドルノと自分を同一視するようにして語っていることは明らかです。そして、アドルノが戦後ドイツの若い世代にあたえていた存在感も、ふたりの関係はよく伝えてくれます。実際、エンツェンスベルガーは、『啓蒙の弁証法』の文化産業論を引き継ぐ形で、批評意識に溢《あふ》れた意識産業論やメディア論をつぎつぎと刊行してゆきました。少なくともこの時期のエンツェンスベルガーは、そのセンスにおいて、研究においてはあくまでアカデミックなスタイルを守るハーバーマスよりもずっとアドルノに近かったとさえ言えます。

一方、アドルノのほうでも、エンツェンスベルガーの「反論」に対して敏感に反応します。一九六二年にラジオ講演として行なわれた「アンガージュマン」のなかで、アドルノははっきりとエンツェンスベルガーの名前を引き合いに出して、こう語ります（「アンガージュマン文学」とはここでは、社会的な批評性をもった創作活動のことです）。

アウシュヴィッツのあとでなお抒情詩を書くことは野蛮であるという命題を、私は和らげるつもりはありません。そこには、アンガージュマン文学の創作に魂を吹き込んでいる衝動が、否定的な形で語り出されています。〔……〕しかしながら、エンツェンスベルガーの反論、すなわち、創作はまさしくこの評決に屈してはならず、したがって、創作はアウシュヴィッツ以降も存在しているというだけでシニシズムに身をゆだねることがあってはならないという反論は、あくまで真理なのです。〔……〕あまりにはなはだしい現実の苦しみは忘却を許しません。〔……〕この時代のもっとも重要な芸術家たちは、この苦しみのあとを追いかけてきたのです。

（アドルノ『文学ノート2』）

このアドルノの言葉からは、エンツェンスベルガーのような若い世代から果敢な応答が生じたことに対して、アドルノがまさにわが意を得たりの思いだったことがよく伝わってきます。それは何よりも、アドルノのアウシュヴィッツに関わる命題がドイツの若い世代にきわめて真摯に受けとめられたことを示していたからです。こういうやりとりは、戦後ドイツにおけるもっともゆたかな局面のひとつを伝えてくれていると、いまも私は思います。

ツェランの「死のフーガ」

アドルノと詩人との関わりでは、やはりパウル・ツェランとの関係を抜きにはできません。ツェランは一九二〇年、当時はルーマニア領下のチェルノヴィッツ（現在はウクライナに属するチェルニウツィー）という町にユダヤ人の両親のもとに生まれました。ドイツ語で育ったツェランは生涯ドイツ語で詩を書き続け、一九七〇年の自死から四五年近くを経た現在、間違いなく戦後のヨーロッパを代表する詩人と見なされています。彼はナチス支配下で両親を奪われ、故郷を破壊され、戦後はパリで暮らし続けました。ツェランはネリ・ザックスと同様に、いやザックスにもまして、アウシュヴィッツのあとだからこそ詩を書かねばならない詩人でした。なかでも、ホロコーストを明確な背景としたツェランの「死のフーガ」は、二〇世紀を代表する詩として、今後とも永く記憶されてゆくことでしょう。その詩はつぎのようにはじまります。私が学生時代から親しんできた飯吉光夫訳で引きます。

夜明けの黒いミルクぼくらはそれを晩にのむ
ぼくらはそれを昼にのむ朝にのむぼくらはそれを夜にのむ

ぼくらはのむそしてのむ
ぼくらは宙に墓をほるそこなら寝るのにせまくない
ひとりの男が家にすむその男は蛇どもとたわむれるその男は書く
その男は書く暗くなるとドイツにあててきみの金色の髪マルガレーテ
かれはそう書くそして家のまえに出るすると星がきらめいているかれは口笛を吹き犬ども
をよびよせる
かれは口笛を吹きユダヤ人たちをそとへよびだす地面に墓をほらせる
かれはぼくらに命じる奏でろさあダンスの曲だ

（ツェラン『罌粟《けし》と記憶』）

まさしく音楽のフーガのような、たたみかけるようなリズムで、強制収容所ないしは絶滅収容所の現実を、この詩は深い暗喩とともに描き出しています（原文には句読点がいっさい用いられていず、その点もこの翻訳はみごとに忠実に再現しています）。強制収容所、絶滅収容所に抑留されているユダヤ人たちには、殺され、焼かれ、煙となって空へ舞い上がる形でしか収容所から抜け出るすべはありませんでした。そして、収容所で一日でも生き延びるということは、その身代わりに誰かが死ぬということにほかなりません。黒いミルクを飲み続けるという暗喩には、自分が生きることが誰かが死ぬこととセットであるような、収容所の現実が表わされているのだと私は思います。つまり、ミルクという命の糧《かて》がすでにして不吉な毒を孕《はら》んでいるのです。

ドイツにあてて手紙を書くということには、収容所の位置が関わっています。以前に記したとおり、ナチスは絶滅収容所をポーランドの占領地域に設置していました。ですから、そこに「勤務」しているドイツ人は、遠くのドイツにいる恋人や妻にむけて手紙を書くわけです。その宛名「マルガレーテ」はドイツ人女性の典型的な名前です。そんな恋人や妻にロマンティックな手紙を書く姿と、収容所で「ユダヤ人」を情け容赦なく殺戮《さつりく》する姿、その両方がここには重ねられています。この作品の背景にはさらに、ナチスが収容所で抑留者たちのなかから音楽家を集めて楽団を作り、音楽を演奏させていたという事実があります。たとえば、その演奏が続くあいだ、抑留者たちはひたすら走り続けるよう命じられ、倒れた者から順番に殺されたりしました。

ツェランとの関係

それにしても、アドルノのあのアウシュヴィッツに関わる命題とツェランのこのような作品は、どのような関係にあるのでしょうか。「はじめに」ですこしふれたとおり、アドルノはツェランの詩を高く評価していました。彼は、ツェランの、「死のフーガ」以降の代表作のひとつで、ツェランが生涯に残したもっとも長大な作品「エングフュールング」(このタイトルは音楽用語「ストレッタ」のドイツ語表現)について、まとまった批評を書くつもりでいました。残念なことにアドルノが心臓発作で亡くなったため、それは実現しませんでした。

一方、ツェランのほうでもアドルノの著作を注意深く読み、明らかにアドルノから影響を受けていました。ツェランと哲学者の関係ではハイデガーのことがよく論じられてきましたが、アドルノとの関係もとても重要です。何と言ってもツェランは、実現しなかったアドルノとの出会いを記念して、数少ない散文作品のひとつ「山中の対話」を書いているのですから。その「山中の対話」には、「大きなユダヤ人」と「小さなユダヤ人」が登場して、口ごもるような「対話」を交わします。その「大きなユダヤ人」はアドルノを、「小さなユダヤ人」はツェランを、それぞれモデルにしています(アドルノの体格は実際には小柄でしたが)。

それだけでなく、ツェランは『啓蒙の弁証法』を熱心に読んでいました。彼の蔵書に残されていた『啓蒙の弁証法』には多くの線引きと書き込みが見られ、それは他の書物ではめったに見られないぐらいだと言われます。さらにツェランは、アドルノの『新音楽の哲学』に引用されているシェーンベルクの言葉、「音楽は飾り立ててはならず、真実でなければならない」を自分の詩学の核心に持ち込んでいました。ツェランの詩は、美をめざすのではなく真理をめざすものだ、ということです。そして、ツェランは詩を「投壜通信《とうびん》」になぞらえていましたが、それもアドルノのシェーンベルク論の末尾から継承されたと言われています。つまり、アドルノがシェーンベルクの「新音楽」を投壜通信になぞらえたのを踏まえて、ツェランは自分の詩を投壜通信という暗喩に託していた、ということです。

すでに述べましたように、アドルノはまとまったツェラン論を書かないまま死去してしまいましたが、遺著として刊行されたアドルノの『美の理論』の「補遺」には、以下のようなアドルノのツェラン論の断片を読むことができます。これは、もしもツェラン論をアドルノが書きあげていれば、間違いなくその中心に置かれていたであろう批評です。

同時代のドイツの、抒情詩の秘教的な作品のもっとも重要な代表者パウル・ツェランにおいては、秘教的なもののもつ真理内容がその向きを反転させている。その抒情詩は、経験に対する芸術の恥じらいとともに、その手を擦り抜ける苦悩を昇華してしまうことへの芸術の恥じらいによって、すみずみまで浸透されている。ツェランの詩は、言語を絶した恐怖を、沈黙をつうじて語ろうとする。その真理内容自体がある否定的なものとなっているのだ。彼の詩は、人間のうちの見捨てられたひとびとよりもさらに下方に位置する言語、それどころかあらゆる有機的なものよりもさらに下方に位置する言語、石や星といった死せるものの言語を模倣するのである。（アドルノ『美の理論・補遺』）

「石や星といった死せるものの言語を模倣する」ツェラン……。あえて言えば、ここにはきわめてベンヤミン的な視点、まさしく『ドイツ哀悼遊戯の根源』のベンヤミンの視点で捉えられたツェラン理解が綴《つづ》られています。アドルノが「アウシュヴィッツ以降」の詩人として評価していた第一の詩人がツェランであったことは、疑いがありません。

ハイデガー批判

戦後ドイツにおいて、ハイデガーは隠然たる力を誇っていました。元来、未完に終わった『存在と時間』（一九二七年）で哲学界を震撼《しんかん》させたハイデガーのもとには、ナチスが政権を獲得する以前、若いユダヤ系の知識人をふくめて、多くの哲学志望者が集《つど》っていました。ハイデガーは一九三三年にナチスの後ろ盾のもとフライブルク大学の総長となり、「ドイツ的大学の自己主張」と題する総長就任講演を行ないました。ハイデガーからすると、教授会の自治などを至上の価値とするような当時の大学はとうてい「ドイツ的大学」ではありませんでした（言ってみれば、「フランス的大学」であり、「イギリス的大学」でした）。ドイツの未曽有《みぞう》の危機のなかで、ナチスと同様の指導者原理に徹底して貫かれた大学、それがハイデガーの考える「ドイツ的大学」であって、ハイデガーはナチスの政策にのっとった大学運営を企てるとともに、その秋には国際連盟から脱退を掲げたヒトラーへの断固とした投票を総長として訴えました。

一年で辞職することになるとはいえ、ハイデガーがナチスの支持者、とりわけヒトラーの支持者であったことは明らかです。ハイデガーとナチスとの関係は戦後、繰り返し問い直されてきましたが、タブー視されるところがあったのも事実です。戦後のドイツの大学で哲学の教授職を占めていたひとびとにはハイデガーを師と仰ぐ研究者が多く、ハイデガーの思想は相変わらず根強い影響力を保持していました。戦中からニーチェ論、ヘルダーリン論を講じていたハイデガーは、戦後、技術論、言語論を中心に、独特の思考スタイルを築きあげます。古代ギリシア哲学以来の西欧哲学へのハイデガーの理解が、他の追随を許さないほどに、深く、透徹したものであることも否定することはできません。

そういうハイデガーに戦後のドイツで冷や水を浴びせるような批判を提示し続けたのがアドルノでした。アドルノはあるとき挑発的にこう語りさえしました。「ハイデガーの哲学は、そのもっとも内的な細胞にいたるまでファシスト的だ」。アドルノは、自らのナチス時代初期の態度を批判的に問われたときに、この言葉を発したのでした。

じつはアドルノは一九三四年に、「ナチス学生同盟」の指導者バルドゥーア・フォン・シーラッハの詩集にもとづく、ヘルベルト・ミュンツェルの歌曲集に対する好意的な書評を発表していました。そのことを一九六三年になって、フランクフルト大学の学生新聞紙上で、彼は公開で問いただされたのでした。アドルノは、ナチス政権はすぐに崩壊すると考え、一種の「越冬戦術」を試みたのだと弁解した際、ハイデガーに対するさきの言葉を述べたのです。こういう文脈ですから、自己弁護的な響きがなかったとは言えません。しかし、アドルノがハイデガーの思想におぼえていたその感覚に嘘《うそ》はなかったと私は思います。アドルノからすると、ハイデガーの思想は、理論的な側面であれ、実践的な側面であれ、いわば骨の髄までずぶずぶに「ファシスト的」なのです。それにしても、ハイデガーであれ、誰の思想であれ、「そのもっとも内的な細胞にいたるまでファシスト的だ」などと評することが許されるのでしょうか。

『本来性という隠語』

アドルノはハイデガーをナチズムへの関与以前から批判していました。アドルノのフランクフルト大学への講師就任講演「哲学のアクチュアリティ」は、すでにしてハイデガー批判をだいじなモティーフとしていました。それ以降アドルノは、哲学の立場から世界のすべてを基礎づけようとする傲慢《ごうまん》な姿勢を「根源哲学」と呼び、まさしくハイデガーの哲学こそがその根源哲学であると批判し続けます。アドルノからすると、すべてを基礎づけると称するような尊大の病《やまい》から哲学はまず癒《い》えなければならないのでした。

アドルノの戦後におけるハイデガー批判は『本来性という隠語』(一九六四年)に集約されることになります。哲学的主著として構想されていた『否定弁証法』を執筆するなかで、独立してさきに刊行されることになったものです。

「本来性」はハイデガーが『存在と時間』で用いている言葉です。ハイデガーはそのなかで、死すべき定めにある自分に目ざめたあり方を「本来的」、そういう自分から目をそらしたあり方を「非本来的」と呼びます。ハイデガーは、両者は「等根源的」(根源を等しくしている)として、価値的な差異はないと断りながらも、明らかに「本来的」なあり方を優位に置いています。都会の暮らしに対して農村の暮らしを、サラリーマンに対して農夫や木こりの生き方を、人間の「本来的」な姿とする発想が、戦前・戦後のハイデガーには根強く一貫しています。

しかも、それはハイデガーひとりが固執している考えではけっしてなく、ドイツ人の心の奥深く、いわば心性をなしているものでもあって、アドルノからすると、そういうアナクロニズムをきちんと告発することが重要でした。『本来性という隠語』には、マルクスとエンゲルスの共著『ドイツ・イデオロギー』を踏まえて、「ドイツ的なイデオロギーについて」

というサブタイトルが付されています。アドルノからすると、ハイデガーは比類のない独創的な思想家と見えて、じつは古くからのドイツ・イデオロギーの典型的な体現者なのです。その点で、アドルノのハイデガー批判は戦後のドイツにおいて、文字どおり啓蒙的な力を発揮することになりました。

音楽論

アドルノは若いときから、シェーンベルクの音楽を熱烈に支持してきました。すでに紹介してきたように、シェーンベルクに連なるアルバン・ベルクのもとで作曲を学び、自ら現代音楽をいくつも作曲したのがアドルノです。そのなかで、早くから音楽批評に関わるたくさんの仕事を残してきました。シェーンベルクとストラヴィンスキーを対照的に論じた『新音楽の哲学』、とりわけそのシェーンベルク論がツェランにも深い影響をあたえたことについては、すでに本章で記したとおりです。

それに先立ってアドルノの音楽論は、作家トーマス・マンが『ファウストゥス博士』を執筆するうえで、大いに参照されることになりました。音楽家アードリアーン・レーバーキューンを主人公とする『ファウストゥス博士』について記した「『ファウストゥス博士』の成立」というマンの文章によれば、亡命生活のなかで『ファウストゥス博士』の執筆を続けていたマンは、一九四〇年代前半にロスアンゼルスでアドルノと出会い、シェーンベルクをはじめとする現代音楽に関するアドルノの分析をたっぷり取り入れるとともに、アドルノによるベートーヴェンの最後のピアノ・ソナタ第三二番の演奏から、大いにインスピレーションを得ることになったのです。

アドルノはまた、いち早くマーラーの音楽に光をあてて、『マーラー——音楽観相学』（一九六〇年）を刊行しました。この著作をはじめとして、アドルノのマーラー論は、戦後ドイツのマーラー解釈において、大きな位置を占めることになりました。一九八六年に刊行されたアルフォンス・ジルバーマンによる『グスタフ・マーラー事典』には「テーオドール・W・アドルノ」という項目が立てられていて、そこにはこう記されています。

極めて主観的で、哲学、音楽学、社会学、心理学の間を往復しながら浮動する、場合によって当たっているとも当たっていないとも言えるアドルノのマーラー観が、多くの論争を巻き起こしたのは理解できることである。（ジルバーマン『グスタフ・マーラー事典』）

著者のジルバーマンは生前のアドルノと音楽社会学をめぐって論争を交わした相手でもありますが、まさしくひとりで『グスタフ・マーラー事典』を執筆するような音楽学の専門家から見た、アドルノのマーラー理解に対する距離をおいた率直な批評だと言えます。そのうえでジルバーマンは、一九八二年に記された、別の音楽学者のつぎのような言葉を紹介しています。「今日のマーラー理解は、大幅にアドルノによって占領されている。それと異なる理解は、同時にこの占領を克服するという課題の前に立たされている」。一九八〇年代以降、アドルノのマーラー理解は「克服」の対象となったということですが、この言葉はかえって、アドルノの音楽論が戦後ドイツにおいて占めていた位置をよく伝えてくれるものではないでしょうか。

アドルノはまとまったベートーヴェン論を書き上げることもライフ・ワークのひとつとしていましたが、一九九三年、アドルノ生誕九〇年を機に、アドルノのベートーヴェン論に関わる遺稿を集成した大部の『ベートーヴェン——音楽の哲学』が刊行されました。たとえば、ベートーヴェンが交響曲第三番「英雄」を作曲していたとき、ヘーゲルは『精神現象学』の執筆に追われていましたが、そういう時代精神の両者における結びつきをも軸にしながら、アドルノは、ベートーヴェンの楽譜をまるでヘーゲルのテクストのようにしてとことん論じています。そういう離れ業はやはりアドルノにしかできなかった仕事だという気がします。

軸としての「非同一的なもの」

総じて、アドルノが哲学的主著『否定弁証法』や遺著として刊行された『美の理論』において追い求めたものを、「非同一的なもの」と呼ぶことができます。そのアドルノのいちばん重要なテーマと、前章でふれることのできなかった「ミメーシス」というこれもだいじな発想について、ここで考えておきたいと思います。

アドルノとホルクハイマーは『啓蒙の弁証法』において、最終的には自然と文明の宥和《ゆうわ》をめざしていました。それは、たんなる自然支配とは別の自然との関わりを追いもとめるものであって、その際の自然には、外的な自然だけではなく、内的な自然もふくまれていました。アドルノとホルクハイマーは、外的・内的な自然支配の根底には、同一化の暴力が働いていると考えます。たとえば、私たちを不意打ちする恐ろしい稲妻はささいな電気現象と同一のものへと理論的に還元することによって、無化することはできないまでも、避雷針などを使って制御することができます。あるいは私たちは、集団生活になじめない子どもを指導して、集団へと同一化させようとします。その子ども自身がそういう規律を内面化して、自分で集団生活に同化するよう努力してくれるならば、いっそうことはうまく運ぶでしょう。

しかし、そういう外的・内的な自然支配には、けっしてこれで終わり、ということがありません。自然の支配は、つねに支配しきれないもの、同一化しきれないものを生み出します。集団への同一化にしても、それからはみ出す者をたえず生じさせます。あるいは逆に、同一化をはみ出す者を確認することによって、それ以外の者たちは同一であることを保証されるのだ、と言ったほうが正確でしょう。ヨーロッパのキリスト教社会に暮らしていたユダヤ人ないし元ユダヤ教徒たちは、かなりの程度キリスト教社会へと「同化」していましたが、キリスト教社会の側はそれを認めていませんでした。反ユダヤ主義的であったのはなにもナチスだけではありません。ヨーロッパのキリスト教社会は、ドイツにかぎらず、たえず自分たちの不満のはけ口に「ユダヤ人」を利用してきました。

その点からすると、同一化というあり方自体から私たちが踏み出すことが必要ではないか、と考えることができます。同一化は、その内部に私たちがいるかぎり安心感をあたえてくれますが、いつもその外部を必要としています。そして、学校などのいじめから、社会的マイノリティの排除にいたるまで、いつ私たちがその「外部」に振り当てられるか、じつは分かりません。それこそ、自分がその外部に振り当てられることへの不安から、私たちは自分以外の誰かをその「外部」にたえず追いやっているのに違いありません。ここでも、私たちの不安と恐怖は相変わらず断ち切られることなく続いていることになります。

私たちを雁字搦《がんじがら》めに縛っている同一化の呪縛から私たち自身を解き放つことが必要です。それは、私たちが「非同一的なもの」を、私たちの内部でも外部でも、積極的に認めることからはじまるに違いありません。私たちがおよそ何ごとかをほんとうの意味で「経験」しうるのは、非同一的なものをつうじてではないか、と考えることもできます。たとえば、旅先で、ガイドブックに書かれてあるとおりに旅程が進展しないとき、私たちは不安に駆られますが、あとで振り返れば、そういう齟齬《そご》のなかにこそ旅の醍醐味《だいごみ》、その旅における経験があったと思いいたるはずです（ベンヤミンも、ある都市を知るためには迷う能力が必要だと記しています）。

ミメーシスによる認識

そして、そのような「非同一的なもの」を認識する方法がミメーシスです。文字どおりには「模倣」ですが、アドルノとホルクハイマーはこれについて、フランスの社会学者ガブリエル・タルドからだいじな示唆を受け取りました。タルドの『模倣の法則』の初版は一八九〇年に出版されています。タルドは、およそ社会と呼ばれるものが織りなされている根底に、模倣という振る舞いを置き、そのさまざまな法則を探究しました。このタルドの社会学的な模倣概念を、プラトン、アリストテレス以来の芸術表現における「模倣」と結びつけるところに、アドルノ独自のミメーシス理解が成立したと言えます。

子どもは学校の先生やお母さんの真似《まね》をします。それは発達心理学のうえでは子どもの社会化のプロセスに位置づけられるかもしれません。しかし、子どもは機関車や風車になりきったりもします。元来そこには他なるものへの押さえがたい関心が働いていると思えます。そこには、他なるものを自分へと同化・同一化するのではなく、自分をむしろ他なるものへと異化するような衝動が働いています。それはもちろん、子どもだけの問題ではありません。アドルノ（とホルクハイマー）はそもそも文明の根底にあるものをミメーシス衝動と呼んでいます。したがって、遺著『美の理論』にいたるまで、アドルノがもっとも肯定的に捉えているミメーシス能力を、私はこう規定できると考えています。すなわち、ミメーシスとは、既知のものへと還元・同一化することなく、未知のものを未知のものとして経験し認識しうる能力である、と。それは、同一化という暴力を行使することなく、非同一的なものを認識し表現する能力です。そしてその際、私たちの外部の非同一的なものと私たちの内部の非同一的なものは、何らかの形でたがいに呼び合っているに違いありません。

　とはいえ、『啓蒙の弁証法』において、ミメーシスはけっして一面的に美化されてはいません。反ユダヤ主義者たちがユダヤ人を迫害する際に「哀れなユダヤ人」の真似をしてみせたことなどを引き合いに出して、むしろ否定的な意味合いで用いられている場合が多いとさえ言えます。したがって、重要なのは、文明の根底、そして私たち自身の根底にありながら、自然支配をこととする理性がそれをタブー視することによってかえってさまざまな病的な模倣衝動として発露しているミメーシスの能力を、文明のただなかでどのようにして救出しうるか、ということになるでしょう。

ですから、『美の理論』においてアドルノは、シェーンベルクはもとより、カフカやベケットといった彼がもっとも評価する文学者たちの作品にそくして、ミメーシス的契機と合理的契機の媒介について、繰り返し論じています。アドルノによれば、一見難解なカフカやベケットの作品は、このふたつの契機のあいだをじぐざぐに縫い取るようにして進んでいるのです。そのあてどない歩みにつき従うこと、まずもってそれが彼らの作品を読むということにほかならないのです。

経験的調査への従事

『啓蒙の弁証法』『否定弁証法』『美の理論』。これは後期のアドルノを代表する著作ですが、もちろんそれらだけでアドルノについて語ることはできません。アドルノは合衆国で経験的調査にも深くコミットしました。そして、それ以降も、社会学的な経験的調査に期待を寄せていました。ここで、アドルノが合衆国で実際にたずさわった、ふたつの経験的調査を振り返っておきたいと思います。

ひとつはプリンストン大学でのラジオ調査、もうひとつはカリフォルニア大学バークレイ校での『権威主義的パーソナリティ』に結実する調査研究です。一般的にも、またアドルノ自身の評価からしても、前者は失敗し、後者は画期的な成功を収めたと言われています。そのあたりの事情を、アドルノは「アメリカにおけるヨーロッパ系学者の学問的経験」のなかで振り返っています。これは『知識人の亡命』（邦題『亡命の現代史』）という大きな企画のためにアドルノが寄せた文章で、彼が合衆国で得たものを分かりやすく描いた貴重な論考です。

そもそもアドルノが一九三八年にニューヨークへ渡った際には、「プリンストン・ラジオ調査プロジェクト」で働くことが予定されていました。ロックフェラー財団が提示した研究計画にもとづいて、プリンストン大学「ラジオ調査室」が、当時はまだ新しいメディアであったラジオが聴取者にあたえている効果について、経験的な調査を実施するもので、その計画の中心には、オーストリアから合衆国に渡っていたポール・ラザースフェルトがいました（その後「ラジオ調査室」はラザースフェルトのコロンビア大学への転出とともに、コロンビア大学に移転します）。

ラザースフェルトは一九〇一年の生まれで、アドルノより二歳年上です。ラザースフェルトはいまでは、世論形成に際していわゆる「オピニオン・リーダー」の果たしている役割を重視するコミュニケーションの二段階論で知られていますが、当時ラザースフェルトは、ウィーン大学の助手としてすでに本格的な社会調査に取り組んだ経験を有していました。そのラザースフェルトの調査プロジェクトに、音楽批評の専門家として、アドルノはくわわることになったのです。とはいえ、実際にどんな仕事が待ち受けているか、アドルノはほとんど何ひとつ知らないままでした。

研究をはじめてみると、ラザースフェルトとアドルノの折り合いはよくありませんでした。たとえば、アドルノは、聴取者がどんな音楽を好むかというアンケート調査の実施はその音楽が客観的によいものかどうかの判定抜きには無意味である、と考えました。もしも劣悪きわまりない音楽を聴取者が好むとすれば、その理由を問う必要があります。聴取者が自発的にそれを好んでいるとすれば、その「自発性」がほんものかどうか、さらに問わねばなりません。場合によっては、巧みな宣伝をつうじて操作された擬似的な自発性である可能性もあるからです。あるいは、ラジオをとおしてのみ音楽を聴いているひとと、コンサート会場に足を運ぶ習慣のある聴き手のあいだでは、好みがどう分かれるのか。そのようにして、個々の音楽の内容の質を客観的に分析し、それに対する好悪を規定している社会的要因を割り出し、最終的には合衆国の文化産業下で作用している、音楽における物神性（フェティシズム）を解明すること……。

このようなアドルノの調査に対する姿勢は、ラザースフェルトの計画を混乱に追いやるばかりでした。アドルノ自身、そのラジオ調査計画への自分の関与が不首尾に終わったことを率直に認めています。それにしても、聴取者の音楽の好悪を問うような場で、「擬似的自発性」をどう考えるかは、根深い問題と言えます。聴取者がどんなに操作されていようと、自発性は自発性だと見なさねばならないところもあるからです。とはいえ、コマーシャルがあの手この手で消費者に購買の動機づけをあたえていることは、誰でも知っていることです。しかし、そういう複雑な問題のずっと手前で、文化産業批判というアドルノの基本的な態度が、ロックフェラー財団のもとめている調査と合致しようがなかったのは、当然と言えば当然です。

とはいえ、前章ですこし紹介した『社会研究誌』に掲載されたアドルノの音楽論、とくに「音楽における物神的性格と聴取能力の退化」と「ポピュラー・ミュージックについて」はこの調査での経験を背景にして書かれていますし、『啓蒙の弁証法』の文化産業論の章にももちろんその経験は大きく取り入れられています。アドルノ自身に照らせば、このラジオ調査プロジェクトでの経験はそれなりに実りゆたかでもあったと言えます。

Fスケールの開発

これに対して、カリフォルニア大学バークレイ校での調査プロジェクトは、学問的にも成功したものと認められています。こちらの調査研究は、一九四四年、ニューヨークのアメリカ・ユダヤ人委員会からのホルクハイマーへの要請に応えてはじまった「偏見の研究」の一環として行なわれたものです。「偏見の研究」は全五巻のシリーズとして刊行されますが、そのうちの一巻をなす全体で九九〇ページにおよぶ『権威主義的パーソナリティ』は、マーティン・ジェイの言葉によれば、「その完成の直後にはもう社会科学の古典となった」ものです。

アドルノは、この調査研究で、他の調査員と共同して、Fスケール（ファシズム尺度）の開発に努めました。それは、いくつもの項目を書いた質問用紙を用意して、その答えを集計して、その人間のファシズムへの潜在的な親和性もしくは抵抗性を測ろうとするものです。たとえば、以下のような質問項目です。

・多くのひとびとはもの笑いの種にするかもしれないが、占星術が多くのことを説明できるということは、いまもって明らかである。
・アメリカは、真のアメリカ的な生き方からあまりにもかけはなれてしまっているので、それをとりもどすための力が必要であろう。
・女性が、男性よりも少ない自由でがまんしなければならないよう制限されるのは、きわめて自然であり、正当なことである。

（アドルノほか『権威主義的パーソナリティ』）

いま引いたのは、「形式七八」として作成されたFスケールの冒頭三つの項目です。「形式七八」では、合計三八の質問項目が設定されています。この質問項目の設定にいたるうえでは、「反ユダヤ主義尺度」、「人種排外主義尺度」、「政治経済的保守主義の尺度」などの作成も試みられています。そして、そのつど設定された尺度で、とくに高得点だった回答者ととくに低得点だった回答者とに、さらに面接調査が行なわれました。そういう調査を繰り返しながら、最終的なFスケールが開発されてゆきました。『啓蒙の弁証法』との関連で言うと、「反ユダヤ主義の諸要素」で練り上げられた理論が、この経験的調査の背景にはあります。その意味で、『啓蒙の弁証法』の難解な議論を、こういう経験的調査に引き寄せて理解することも必要になります。

さらにこの合衆国におけるFスケールの開発は、ドイツにも応用可能なものと想定されていました。アドルノは「アメリカにおけるヨーロッパ系学者の学問的経験」のなかで、こう述べています。

このスケール〔Fスケール〕は何度も応用され、修正されたが、やがてのちには〔調査地域の状況に合わせて〕ドイツにおける権威主義の潜在基盤を測定するのに用いる、スケール作製のための基礎にもなった。

（ヒューズほか『亡命の現代史4　社会科学者・心理学者』）

この文面は一九六〇年代の後半、アドルノの晩年に記されたものですが、ここからはアドルノが経験的調査になお期待を寄せていたことがうかがわれます。アドルノの最後の講義となった『社会学講義』でもそうです。アドルノはその時点でも社会研究所の行なう経験的調査に期待を寄せていました。実際、戦後の社会研究所では「権威と結びついた態度に感化されやすいことを調査するため」の「A尺度」というものが用いられ、それは「アドルノ尺度」とも呼ばれていました（これは、アドルノが権威に弱いという意味ではなく、アドルノが開発した尺度という意味です）。

アドルノの死

一九六九年八月六日、アドルノは休暇で滞在していたスイスにおいて心臓発作で死去してしまいます。享年六五ですから夭折とは言えませんが、ドイツに帰国後せいぜい二〇年、まだ活躍盛りでの死という印象が強かったようです。くわえて、一九六〇年代後半にドイツでも高揚していた学生運動との決裂という出来事が、その死の直前にはありました。

難解な『啓蒙の弁証法』が海賊版などもつうじて学生たちに読まれたとき、いちばん理解されたのはその文化産業論であったと言われます。おりしも、マルクーゼが新左翼の教祖のように祀《まつ》り上げられていました。『啓蒙の弁証法』の文化産業論は、アメリカ合衆国をはじめ、先進的な資本主義社会への批判がいちばん分かりやすく表現されている部分でもあります。アドルノ自身、西ドイツ政府の政策に抗議する批判的な知識人の声明に名を連ねるなどしていましたし、管理社会化の進展に抵抗するという意義を、当時の学生運動に認めていました。アドルノは講義のなかで、アウシュヴィッツの問題を当時のベトナム戦争と結びつけて語り、学生運動のリーダー、ルーディー・ドゥチュケへの暗殺未遂事件のことも引き合いに出したりしていました。その結果、アドルノと学生運動のあいだに当初は蜜月めいたムードがあったのも事実です。

しかし、次第にアドルノと学生運動のグループのあいだには亀裂が生じてゆきます。決定的な決裂が生じたのは、一九六九年一月三一日、社会研究所を占拠していた学生を排除するようアドルノが警察に要請したときのことでした。学生たちに妨害されて一九六九年四月からの講義をアドルノは行なうことができなくなります。結果として、その前年に行なった『社会学講義』がアドルノの行なうことのできた最後の講義となりました。その講義の最終回の最後の場面では、アドルノと学生たちのあいだの対立がもはや決定的となっていた様子がうかがわれます。いったん講義を終えたアドルノは、思い返したようにもう一度口を開き、同僚のドイツ文学者マルティン・シュテルンが学生たちに野次り倒されて講義ができなくなったことに対して苦言を呈するのですが、そのアドルノが今度はその場で野次り倒される羽目に陥るのです。

大学の改革を求める闘争において、そしてまた社会の変革を求める闘争においても、この種の闘争方法は回避されるべきです。私はみなさんに干渉すべきではありませんが、こういった事態を自分と無関係と見なすことはできません。その点で私の立場は、ハーバーマスがよく知られるようになった彼のテーゼにおいて展開してもいた立場と完全に一致しています［激しいヤジ］。思いますに、できれば私は……いいですか、みなさん［絶え間のない激しいヤジ］。みなさん、私は残念です……たいへん残念です。何らかの理由から気に入らない意見があっても、そういう意見を野次り倒すならば、それは議論という概念に反していると思います。

（アドルノ『社会学講義』）

ここには、ハーバーマスの名前とその「テーゼ」が登場しますが、一九六八年六月二日、フランクフルト大学の学生食堂で行なわれたハーバーマスの講演「プロテスト運動批判についてのテーゼ」を指しています。それは六月五日には『フランクフルター・ルントシャウ』紙に掲載されました。ハーバーマスはアドルノと同様に西ドイツの政策を批判する立場にたっていましたが、当時の学生運動の過激化に対しては「見せかけの革命」、さらには「左翼ファシズム」とまで断定して、きっぱりと批判的な態度を取ったのでした。『社会学講義』のこの場面は、アドルノの死に先立って、アドルノからハーバーマスへ理論のバトンが手渡された瞬間と読むこともできます。次章では、そのハーバーマスがアドルノの死後、アドルノらへの批判も組み込みながら推進した、新たな理論的展開を確認したいと思います。

第6章　「批判理論」の新たな展開――ハーバーマス

第二世代を代表するハーバーマス

アドルノの死後、ハーバーマスが目覚ましい活躍を続けることになります。いまも現役で著作を刊行し続けているハーバーマスは、たんにドイツを代表するだけでなく、世界を代表する哲学者のひとりであることを、誰もが認めている存在です。とはいえ、ハーバーマスにはそれまでの「フランクフルト学派」のメンバーと本質的に異なる点があります。

ユルゲン・ハーバーマス（Jürgen Habermas）は、一九二九年にデュッセルドルフに生まれました。彼は当然ながら、ホルクハイマーやアドルノと世代を異にしています。ハーバーマスはアドルノの助手を務めるとともに、『啓蒙の弁証法』などフランクフルト学派第一世代から深く学んでいった、ホルクハイマーやアドルノらの息子世代に相当しています。ただし、戦後ドイツで慎重な政治的態度を取ろうとしていたホルクハイマーとハーバーマスのあいだは、じつは折り合いの悪いところがありました。ホルクハイマーはハーバーマスを危険なマルクス主義者と思い込んで、社会研究所から遠ざけたいと願っていました。実際にそれは、いったんハーバーマスが社会研究所から離れる要因にもなりました。

また、ホルクハイマーやアドルノら、戦前からのフランクフルト学派の中心メンバーがことごとく「ユダヤ系」であったのに対して、ハーバーマスはそうではありません。むしろ、ヒトラーの時代、ハーバーマスの父親はナチス支持者で、ハーバーマス自身、ヒトラー・ユーゲントのメンバーでした。ドイツが敗戦を迎えた一九四五年五月、まだ一六歳に達していない年齢ですから、それは当時のドイツ人の少年としてはごくあたりまえのことだったと言えます。日本でも当時、ハーバーマスと同世代のひとびとの多くは、熱烈な「皇国少年」でした。

とはいえ、ホルクハイマーやアドルノがナチス支配下で徹底して迫害される側、それどころか亡命していなければガス室送りになっていた側であったのに対して、まだ少年とはいえ、自分が彼らを迫害する側に属していたという記憶は、いまもハーバーマスの胸からけっして

ハーバーマス

消え去っていないはずです。そして、日本のそういう世代がそうであるように、ハーバーマスは戦後、アメリカ合衆国の主導下で行なわれた民主主義教育を胸一杯に吸い込み、大学に入学する以前から、戦中には読むことのできなかったマルクスの著作を貪《むさぼ》るように読んでいたといいます。ハーバーマスはいわば戦後民主主義の申し子のような位置にあるわけです。

「はじめに」で記したように、「フランクフルト学派」というのはあくまで自称ではなく他称です。これまた何度も記しましたように、その呼称は、一九六〇年代から七〇年代にかけてのドイツ（西ドイツ）では、まるで新左翼系過激派の黒幕に対するレッテルのような扱われ方もしていました。そういう背景もあって、ハーバーマスは自分がフランクフルト学派のメンバーに数えられることを好んでいませんし、「批判理論」という名称についても一九三〇年代のホルクハイマーの思想に限定して用いるべきだという考えを表明したりしています。しかし、ハーバーマスの理論と実践のうちに、少なくともかつてのフランクフルト学派の優れた遺産が生産的な形で継承されていることは明らかです。

三人のハーバーマス

それにしても、ハーバーマスの現在にいたるまでの活躍ぶりには、目を瞠《みは》らされるものがあります。ハーバーマスはドイツを代表する哲学者であるだけでなく、ドイツのみならず世界の状況について、知識人として積極的な発言を続けてきました。そういうハーバーマスの、文字どおり八面六臂《はちめんろっぴ》の仕事ぶりを見ていると、少なくとも三人のハーバーマスがいるのではないか、という印象さえあります。

ハーバーマスは、アドルノやホルクハイマーの仕事を、もう一度アカデミックな研究領域へと引きもどす、という大きな作業を行なったと言えます。アドルノのとくに『三つのヘーゲル研究』などを読むと、刺激的なヘーゲル読解であると思う一方、これではアカデミックなヘーゲル研究者と生産的な対話をすることは難しいだろうという印象は否めません。前章で、アドルノのマーラー理解について、「極めて主観的で〔……〕場合によって当たっているとも当たっていないとも言える」という音楽研究者の言葉を紹介しましたが、それはアドルノの音楽論以外、たとえばヘーゲル論やカント論にも同様に当てはまるだろうと思います。

それに対してハーバーマスは、カント、ヘーゲル、さらにはマルクスやウェーバーについて、アカデミックな研究としても十分通用する議論の水準を回復したと言えます。アドルノの書いているものは最初から土俵がまるで違うと敬遠しがちな正統的でアカデミックな研究者たちも、ハーバーマスの議論に対してなら、十分生産的な対話の余地があると考えてきたに違いありません。これがひとり目のハーバーマスです。

とはいえハーバーマスは、ふたたび象牙の塔（いまではじつに懐かしい響きの言葉かもしれません）に閉じこもろうというのではありません。

そもそもハーバーマスがいち早くその名前を知られたのは、一九五三年にハイデガーが一九三五年の講義『形而上学入門』を刊行したときでした。ハイデガーの『形而上学入門』には「あの運動〔ナチスの運動〕の内的真理と偉大さ」という言葉が登場するのですが、ハーバーマスはハイデガーが何の釈明もなしに当時の講義を出版する態度に大きな憤りをおぼえ、新聞への書評の形でハイデガー批判を提示しました。「ハイデガーに抗してハイデガーとともに考える」と題された彼の書評は、ハイデガー自身も応答せざるをえないような反響を呼びました。ハーバーマスはその時点でまだ二四歳でした。以来、ハーバーマスは学生運動の過激化に対して、ナチズムの犯罪を軽減しようとするドイツの歴史家たちの動きに対して、ドイツ統一に際して沸き起こったナショナリズムに対して、湾岸戦争の勃発に際して、さらには二一世紀に入ってからの対イラク戦争に際して、そのつど自分の考えを率直に表明してきました。

つまり、そのような鋭敏な社会時評家・批評家としてのハーバーマスがふたり目のハーバーマスです。

論争から学ぶということ

さらにハーバーマスは、数々の学問的な論争をくぐりぬけてゆきました。フランクフルト学派と論争ということでは、一九六〇年代の科学哲学者カール・ポパーとアドルノのあいだの「実証主義論争」が有名ですが、あの論争も実質は、ポパー対アドルノというよりも、それぞれの弟子筋にあたる、ハンス・アルバートとハーバーマスの対決でした。それに続いて、ハーバーマスは解釈学の大家ハンス＝ゲオルク・ガダマーとの解釈学論争を行ない、一九七〇年代には社会システム論のニクラス・ルーマンとの論争が継続されます。さらに、一九八〇年代には、フーコーやデリダらのフランスの現代思想に対する批判をハーバーマスは提示します。そういう果敢な論争家が三人目のハーバーマスです。

その際、多くのひとが指摘するように、ハーバーマスの特筆すべきところは、たんに相手を批判して自分の主張を押しとおすのではなく、論争相手から必ず何ごとかを汲《く》み取ろうとしてきたことです。実際、それらの論争抜きにはハーバーマスの思想は現在あるとおりのものとはならなかったに違いないのです。あとで確認するように、フーコーとの共同研究も計画されていましたし、イラク戦争に対してハーバーマスはデリダと共同声明を発表するにいたります。いずれも元来は水と油のような関係と見られていた相手ですので、多くのひとはそれらの事実に驚きを隠せませんでした。いずれにしろ、論争から学ぶ、あるいはむしろ学ぶために論争をする、それがハーバーマスの基本的な態度です。

もちろん、アカデミックな理論家、社会的な批評家、果敢な論争家、これら三人のハーバーマスはそれぞれが繫《つな》がり合い、緊密に結び合っています。

これまで私はアドルノ、ベンヤミンを中心に研究してきましたし、フーコーやデリダの著作にも惹《ひ》かれてきました。正直に言いますと、それらの思想家と比べて、ハーバーマスは常識的で微温的だという印象をもっていた時期が私にはありました。しかし、ハーバーマスの生涯の仕事を振り返ると、ほんとうに頭が下がります。くわえて、二〇〇三年、アドルノ生誕一〇〇年を記念してフランクフルトでアドルノを回顧するシンポジウムが催されたとき、私ははじめてハーバーマスを身近に見たのですが、じつに朴訥《ぼくとつ》とした市井《しせい》の哲学者という印象がありました。休憩時間になるとハーバーマスのまわりに自然とひとが集《つど》って、彼はまわりのひとびとの言葉に静かに耳を傾けているのでした。

『公共性の構造転換』のアクチュアリティ

ハーバーマスは現在にいたるまで膨大な著作を刊行してきました。日本語に訳されているものだけでもなかなか読みきれないほどです。その出発点に位置しているのが、『公共性の構造転換』です。これはハーバーマスの教授資格論文にもとづくもので、書物としては一九六二年に刊行されました。五〇年以上前の著作ということになりますが、欧米でも、日本でも、いまもよく参照されています。

この本の前半でハーバーマスは、一八世紀から一九世紀にかけて、ヨーロッパで「市民的公共性」が形成されていった経緯を跡づけています。その時期、社交界のサロン、喫茶店（コーヒー・ハウス）、読書サークルなどをつうじて、身分差を超えてひとびとが集い、語り合う場が成立してゆきます。そういう場で自由に発言し合うためには、貴族もまた一般の市民と同等であることを望みました。文学について、政治について、社会について、身分差を超えて議論し合うそういう集まりからは、次第に、パンフレット、ミニコミ誌のような小さなメディアも発行されるようになります。ひとびとはそういうメディアをとおして、たがいの意見を交換し合うことをはじめたのです。

その事情をハーバーマスは、イギリス、フランス、ドイツにそくして掘り起こしています。これ以降のハーバーマスの著作の多くは抽象的な理論に偏重するところもあるのですが、この著作は、各国のサロンの形態や発行メディアへの具体的な論及があって、その点でもたいへん読みやすく、またその記述には興味深いエピソードがたくさん登場します。

そして、この本の後半では、そのようにして成立した自律性をもった市民的公共性が、一九世紀後半からの国家による介入と巨大なマスメディアの成立によって、失われてゆくさまが描かれています。社会をどのように形成するかについては、国家が主導権を握り、市民の生きる場は「社会圏」と「親密圏」という両極に分解されてゆきます。それによって、かつての「文化を論議する公衆」は「文化を消費する公衆」へと姿を変えたとハーバーマスは分析しています。もちろん、ハーバーマスの最終的な関心は、そういう構造転換を経たのちの現在において、市民的公共性をどのようにして再興できるか、というところにあります。

いまではハーバーマスというと、コミュニケーション的行為、討議倫理といった言葉がすぐにキーワードとしてあげられますが、その原点はこの著作にあると言うことさえ可能です。作家は処女作に向かって成熟を遂げてゆくというよく知られた言葉は、小説家のみならず、ハーバーマスのような理論家にも当てはまるのかもしれません。第一作が抱えもっていたさまざまな可能性を、のちの著作がじっくりと展開してゆくのです。

そして、この本がアクチュアルなのは、私たちが直面している問題が基本的にいまも変わっていない、と思えるからです。経済的な社会体制の変革にまだ期待が寄せられていた時代には、何かもっとドラスティックな変容が想定されえたかもしれません。しかし、どんな経済体制のもとであれ、市民の自由がほんとうに保証されるためには、小さなサロンからはじまるような「市民的公共性」が不可欠だといまでは考えざるをえません。戦後の日本においても、各地方で活動するサークルやサークル誌が存在意味をもった時代がありました。たとえば、現在のようなインターネットの普及は「市民的公共性」にとってどのような意義があるのか、その功罪を検討するうえでも、この本でのハーバーマスの議論を私たちは参照することができるはずです。

ホルクハイマー、アドルノへの批判

いま紹介した『公共性の構造転換』以来、ハーバーマスは『理論と実践』（一九六三年）、『認識と関心』（一九六八年）といった重厚な理論的著作から、さまざまな哲学者の肖像を描いた『哲学的・政治的プロフィール』（一九七一年）など、文字どおり矢つぎばやに多彩な書物を刊行してゆきます。そのなかであえて主著をあげれば、やはり『コミュニケーション的行為の理論』ということになるでしょう。一九七〇年代初頭からすでに予告されながら、ようやく一九七七年になって執筆が開始され、一九八一年にいたって全二巻、あわせて一二〇〇ページに達する大著として刊行されたものです。『公共性の構造転換』以来のハーバーマスの理論的追求がこの大著のなかに流れ込み、それ以降のハーバーマスの理論はやはりここから流れ出すことになります。

『コミュニケーション的行為の理論』は、「第一部　行為の合理性と社会的合理化」で、ウェーバーからルカーチを経てアドルノにいたる合理化論を再構成し、「第二部　機能主義的

理性批判」で目的を志向する合理的活動（戦略的行為）から、了解を志向するコミュニケーション的活動へのパラダイム・チェンジを描き、最終的にシステムと生活世界の関係を批判的に捉えるという、壮大な研究です。この著作のなかに、ハーバーマスは師アドルノへの批判をも組み込みました。

この著作にいたるハーバーマスの理論的な歩みが、その後に刊行された『新たなる不透明性』（一九八五年）に収録されたインタビューのなかで、ハーバーマス自身によって率直に語られています。そのなかで、ハーバーマスは、アドルノとホルクハイマーの「批判理論」の弱点を、「規範的基礎」、「真理概念と科学への関係」、「民主主義的法治国家の伝統の過小評価」という三点に絞って述べています。

ハーバーマスは、ホルクハイマーやアドルノの理性批判には「規範的基礎」が欠如していると指摘します。それは、何を基準にして批判するのか、という出発点の問題でもあれば、その批判は何をめざしているのかという目標にも関わります。ホルクハイマーとアドルノは依然として主観と客観の対立図式を前提にした「意識哲学」のパラダイムに依拠している、とハーバーマスは批判します。このパラダイムでは、理論の規範的基礎をめぐる難点を克服できないと見なします。それに対してハーバーマスが持ち出すのは、相互主観的な関係を前提にした、コミュニケーション行為を基軸に据えた考え方です。彼によると、人間の相互行為にはたがいの了解をめざすという目標が潜在的ないし顕在的に組み込まれています。そういう相互行為を規範としてはじめて、批判的な社会理論は可能になる、ということです。

「真理概念」については、ホルクハイマーとアドルノは「強い真理概念」に固執して、個別科学の成果を活かせなかった、とハーバーマスは指摘しています。確かに『ミニマ・モラリア』に登場するアドルノの有名な言葉に「生それ自体が偽りであるとき、正しい生などありえない」という命題があります（これは、フランクフルト等で販売されている、アドルノの顔のイラストをあしらった土産用のマグカップにプリントされている言葉でもあります）。つまり、社会全体が間違っているなかで、個人が正しい生き方を選択することなど不可能だ、ということです。これを字義どおりにとれば、およそ正しい社会、あるいは真理に満たされた社会が実現されないかぎり、個別的な真理も存在しえない、ということになります。こういうアドルノの発想をハーバーマスは「強い真理概念」と呼んで批判し、もっと狭い真理概念にとどまって、個別科学と対話すべきだと冷静に述べています。

道具的理性とコミュニケーション的理性

そもそもハーバーマスは、人間の合理性には、対象を認識し操作する認知的・道具的な側面だけではなく、相互の了解をめざすコミュニケーション的合理性が内在している、と考えます。その観点から、アドルノ、ホルクハイマーによる「道具的理性批判」の立場は、人間の合理性を認知的・道具的な理性に限定してしまっているというのが、ハーバーマスの批判の骨子です。そして、理性を道具的理性と同一視してそれを全面的に批判するという態度が、民主主義的法治国家の伝統の過小評価をも生み出した、と彼は主張します。

アドルノとホルクハイマーが理性を道具的理性と同一視しているというハーバーマスの批判には誇張があります。まさしくそのように道具化している理性の現状を批判することが彼らの趣旨だったのですから。しかし、ハーバーマスからすると、ホルクハイマーのように客観的理性を持ち出しても不十分だし、アドルノの場合にはそもそも批判の根拠が不分明である、ということになるのでしょう。近代においては、理性の道具化だけが進展したのではなく、コミュニケーション的合理性も発展してきたのであって、その潜在力をきちんと評価すべきだというのが、ハーバーマスの立場です。

アドルノとポスト構造主義

とはいえ、少なくともアドルノに対するハーバーマスの両義的な姿勢は、同じインタビューのなかで、つぎのように語られています。

現在私は、アドルノの哲学史上の重要さはつぎの点にあったと考えています。すなわち、彼は、「全体は非真理である」と宣言するこの『啓蒙の弁証法』の理論構成のアポリアを余すところなく展開し貫徹させた唯一の人物だったのです。批判に固執するというこの意味で彼は、私の知るところ、もっとも体系的でもっとも首尾一貫した思想家のひとりでした。〔……〕アドルノの『否定弁証法』と『美の理論』を真剣に受け止め、そしてこのベケット的風景から一歩でも遠ざかろうとすれば、ポスト構造主義者にでもならざるをえません。しかしアドルノはこの一歩を踏みとどまったのです。もしそんな後退をすれば、それは彼の眼には、批判理論の理性的遺産への反逆と映ったことでしょう。批判理論は、もっとも一貫した形態をとった場合、もはやいかなるかたちでも、社会状況の経験的分析はおろか、論証による分析にさえたずさわりえないものになると、私は信じています。

（ハーバーマス『新たなる不透明性』）

『近代の哲学的ディスクルス』（一九八五年）でフーコーやデリダの思想を批判するその前段階でなされた発言であって、この時点でハーバーマスがフランスの「ポスト構造主義者」をどう位置づけていたかがよく分かります。そうとう毛嫌いしていたことは確かでしょう。それに対して『啓蒙の弁証法』の抱えているアポリア、理性によって理性を批判するという自己矛盾した行為を、もっとも体系的にもっとも首尾一貫した状態で展開しながら、「ポスト構造主義者」になる手前で踏みとどまったアドルノ……。こういう理解をアドルノが生きていればどのように受けとめていたかは分かりません。少なくともアドルノは、前章で確認したとおり、最後まで社会研究所による経験的調査に期待を寄せていました。それをアドルノが自己矛盾と感じていたとは思えません。

いずれにしろ、右のハーバーマスの言葉からは、アドルノの『否定弁証法』と『美の理論』をどのようにして乗り越えてゆくか、それがハーバーマスにとってきわめて切実だったことがよくうかがわれます。そしてその作業を、ハーバーマスは驚くほど誠実に果たしていったのです。

アドルノとの連続性

しかし、アドルノおよびホルクハイマーとハーバーマスの関係を対立関係においてのみ捉えるのは、あまりに一面的でしょう。ホルクハイマーやアドルノら、フランクフルト学派第一世代の真骨頂は、マルクスとフロイト、さらにはニーチェといった、それ自体では水と油のように異質と見なされていた思想家たちを、自在に統合してゆくところにありました。

一方ハーバーマスは、『コミュニケーション的行為の理論』を仕上げる過程で、オースティン、サールらの言語行為論とアメリカ合衆国のパーソンズの社会システム論を貪欲に吸収してゆきました。もちろん、パーソンズの社会システム論を吸収するうえでは、ルーマンとの論争が大きな役割を果たしました。英米の分析哲学の伝統や社会システム論は、アドルノらがきちんと向き合うことのなかった思潮です。カント、ヘーゲル以来のドイツ観念論の系譜とそれらの思想を統合するということは、先行世代が果たさなかった異質な思想の統合を新たな時代において行なうことにほかなりません。つまり、ハーバーマスの振る舞いは、その精神において、やはりきわめてフランクフルト学派的なのではないでしょうか。

とりわけ、社会システム論を組み込んだところには、ハーバーマスの優れた特徴が現われています。アドルノの場合には、同世代のパーソンズに対して「社会工学」という決めつけめいた批判を繰り返すだけで、対決にはほど遠いものがありました。それに対してハーバーマスは「こんにち、パーソンズの理論と何らかの関係をもたない社会理論をまじめにとることはできない」と記して、自らの社会理論の中心部にパーソンズの社会システム論を組み込んだのです。やはりこれは、ハーバーマスによるフランクフルト学派的精神の継承と呼べるのではないでしょうか。

システムと生活世界

ハーバーマスは『コミュニケーション的行為の理論』の後半で、システムによる「生活世界の植民地化」という、きわめて重要なテーゼを提出しました。

「生活世界」というのは、フッサールが晩年の『ヨーロッパ諸学の危機と超越論的現象学』(一九三六年)で提示した概念ですが、平たく言えば、私たちが通常生きているこの世界のことです。たとえば、理論物理学者は世界を最終的には電子と陽子、あるいはもっと小さな単位からなるものと理解しているかもしれませんが、それでも、ひとりの市民として日常生活を送っています。あるいは分子生物学者は、あらゆる生命現象を究極的にはたんなる物質の移動として理解しているかもしれませんが、家庭ではひとりの母であったり、父であったりして、自分や家族のことをたんなる物質の移動や集積とは捉えていないはずです。そして、理論物理学者も分子生物学者も、それぞれの研究室では同僚との人間関係にひそかに煩悶《はんもん》したりしています。それが私たちの生きている生活世界であり、そこではけっして学術的な専門用語が中心ではなく、主として日常的な言葉が使用されます。従来のウェーバーらの理解社会学の立場は、まさしくそのような生活世界を舞台にした合理的行為を分析してきました。

しかし、ハーバーマスは目的を志向する合理的行為に了解を志向するコミュニケーション的行為を対置するだけでなく、私たちの生きている社会を生活世界とシステムの二層構造として把握することを提唱します。ハーバーマスがパーソンズから継承するシステムとは、具体的には政治システム（行政機関、最終的には国家）と経済システム（市場）です。これらのシステム（サブシステムとも呼ばれます）の領域では、生活世界とは違った論理でことが運ばれます。生活世界では、言語ないしは言語的なものを媒体としたコミュニケーションをつうじて社会の統合がなされていますが、システムにおいては、異なった制御媒体をつうじて、システム統合がなされていると見なされます。つまり、政治システムにおいては「権力」が、経済システムにおいては「貨幣」がそれぞれメディア（制御媒体）の役割を果たしているとされます。

制御媒体としての貨幣と権力

誰でもスーパーで、それこそ黙って商品とお金を差し出せば、必要な品物を買うことができます。あなたは誰で、それを何に使うのか、といったことは、普通いちいち問われることはありません。貨幣というメディアが社会的に信用されているというただ一点で、私たちは便利に購買を果たすことができるのです。たとえば、そこで購入された練炭が暖房に使われようと、自殺に使われようと、スーパーの側では関知しません。また、四辻《よつつじ》で警官が立って交通規制にあたっていれば、ドライバーは黙ってその指示にしたがいます。お前はどんな資格があって私に命令を出すのかとは、普通誰も問いかけません。その場においては警官の

「権力」が承認されているからです。いちいち問いかけていれば、それこそ公務執行妨害でドライバーは逮捕されかねません。そして、場合によっては裁判の過程までそのドライバーは当該の「権力」にしたがわざるをえません。

要するに、これらのシステムの領域においては、そのつど面倒な言語行為を介さずとも、権力と貨幣をつうじてスムーズな相互行為が可能となっています。確かに、たとえば自動販売機をつうじてお金さえ出せば子どもでもアルコール飲料を買えるだとか、警官が権力を振りかざして横暴に走るといったやっかいな局面もしばしば存在します。だからといって、そこに素朴な疎外を感じて、いっさいの貨幣をなくそうとか、すべての権力をなくそうとか試みても、私たちの社会は混乱に陥るばかりです。権力というメディア、貨幣というメディアが、私たちの社会において政治システム、経済システムというそれぞれの領域で果たしている便利な役割を、私たちは認めざるをえません。

とはいえ、政治システム、経済システムが自立化するとき、それらは私たちの生活世界をおびやかすものともなりえます。私たちが生きているうえでどのような価値を志向し、そこにどのような意味を見出《みいだ》しているかは、本来、生活世界におけるコミュニケーション的行為をつうじてしか明らかになりえません。にもかかわらず、政治システム、経済システムは、自らの効率的な拡大発展のみを「価値」として「意味」として、生活世界に押しつけることにもなります。元来私たちがたがいの相互行為を効率よく行なうために打ち立てられたはずのシステムそれ自体が、価値と意味の独占的な担い手となって、私たちを酷使するようにもなります。ハーバーマスが「システムによる生活世界の植民地化」と呼ぶ事態です。

卑近な例をあげれば、家族の生活を支えるために選択された単身赴任が逆に家族そのものの崩壊をもたらすようなことがあれば、そこでは経済システムによる生活世界（家族）の植民地化が生じていた、と言えるのではないかと思います。

生活世界の合理化を肯定すること

一方で、このような生活世界の強調は、頑迷な保守的発想につながりかねないところがあります。まずもって私たちの生活世界を織りなしているのは、さまざまな伝統的価値だからです。そして、そもそも生活世界こそは日常的な差別と抑圧の温床ではないか、という批判的な視点は不可欠だろうと思います。ハーバーマスもまた単純素朴に生活世界の伝統的な価値を擁護しているのではありません。むしろハーバーマスが焦点に置いているのは「合理化された生活世界という難しい概念」です。

そもそも生活世界が合理化されることによってはじめて、政治システム、経済システムもある程度自立化するのですが、ハーバーマスがさらに考えているのは、生活世界のコミュニケーションそれ自体が「合理化」されてゆく方向です。ウェーバーは合理化の進展による「意味喪失と自由喪失」を近代の宿命と考えました。社会が合理的に整序されればされるほど、人間がそこに意味や自由を見出してゆくことは困難になる、とウェーバーは見なしました。そういうウェーバーの宿命的な時代診断に抗して、ハーバーマスは、生活世界の合理化を積極的に肯定しようとします。

その際ハーバーマスは、生活世界の合理化を、近代における三つの文化領域、すなわち客観的世界、道徳的世界、主観的世界の分化にそくして、体系的に説明しています。もうすこし補うと、そのつどのコミュニケーション的行為のなかの発言が、この世界の客観的事実に関わる言明か、こうすべきだという倫理的・道徳的世界に関わる言明か、自分の好悪や感情に関わる審美的な言明か、近代の発展とともにそれらを明瞭に区別できるようになったということです。

これはハーバーマスがあげている例ではありませんが、たとえば、地域の自治会（生活世界）で自治会長に女性は不向きであるという発言があれば、それは事実としての客観的世界についての言明なのか、道徳的世界における規範についての言明なのか、主観的世界における好悪についての言明なのかを問うことができます。さらにその言明が客観的世界に関わるものであれば「真理性」が、道徳的世界に関わるものであればその規範の「正当性」が、さらに主観的世界に関わるものであればその発言の「誠実性」が、それぞれ妥当性の基準として設定される、とハーバーマスは説明しています。

ヨーロッパ中心主義という批判

このようなハーバーマスの生活世界の合理化を積極的に受けとめようとする態度に対しては、ヨーロッパ的な合理性を絶対視したヨーロッパ中心主義だという批判が繰り返しなされてきました。しかし、ハーバーマスはそれぞれの妥当性の基準に照らしてその根拠の正当性を判定するのは当の生活世界の構成員であると考えています。その際、ルーマンなど社会を一元的にシステム論で捉える論者たちが「観察者」の立場から見るのに対して、生活世界における社会統合はあくまで「参加者」の立場から考察されねばならない、というのがハーバーマスの考えです。

そもそも「生活世界」の範囲をどのように画定するのか。家族、地域社会といった小さな単位から、国家さらには地球、ひょっとすれば宇宙にいたるまで、その範囲は無限に拡大しうるものです。環境問題を考えるならば、現に地球規模での取り組みが不可欠であって、その場合、その生活世界の構成員は地球上の人類すべてにおよびます。ハンス・ヨーナスという哲学者が『責任という原理』（一九七九年）という本で提唱して以来、未来世代に対する責任も議論されています。私たちはそのつどの生活世界の構成員をどのように考えればいいのでしょうか。お前は構成員ではないと、当の生活世界から私たちが排除されるような局面は生じないのでしょうか。その場合、私たちは自分がその生活世界の構成員であることを根拠をあげて論証しなければならないのでしょうか。しかし、その論証はどのような場においてなされるのでしょうか。排除されているということは、まさしくそういう論証の場から排除されている、ということではないでしょうか。

いずれも一筋縄ではゆかない問題です。しかし、ともすれば実体的に閉じる傾向をもっていたり、ヨーロッパ中心主義に傾斜しかねない側面をもっていたりする、ということ自体をふたたび自己反省的ないし自己省察的に繰り込みながら、生活世界の合理化をめざす以外に、私たちには選択肢がないのではないでしょうか。いずれにしろ、愛情にしろ、友情にしろ、私たちが積極的に価値と考えているもの――それらはまた、あらゆる専門科学者の伝記が否定していないものです――は、生活世界のなかにしかありえません。それらの価値をシステムによる植民地化から守ってゆくこと。

すでに三〇年以上前に提示されたハーバーマスのこのアイディアは、私にはいまも基本的に有効な気がします。

フーコーからの呼びかけ

ハーバーマスは『コミュニケーション的行為の理論』の刊行後、フーコーやデリダらのフランスの思想家たちへの批判に取り組みました。フーコーは一九二六年の生まれ、デリダは一九三〇年の生まれですから、一九二九年生まれのハーバーマスにとってふたりは同世代です。とくにフーコーについては、『近代の哲学的ディスクルス』の第IX章「理性批判による人間諸科学の正体の暴露」でフーコーのそれまでの生涯にわたる仕事をハーバーマスなりの視点でたどり、第X章「権力理論のアポリア」でフーコーの仕事が根本的なアポリアをまぬがれないことを繰り返し指摘しています。

ハーバーマスのフーコーに対する批判のポイントは、基本的にアドルノ、ホルクハイマーに対する批判と同一のものです。つまり、フーコーの近代的理性に対する批判にどれだけ正当性があっても、その当の批判を行なっている知的な活動の根拠や主体をどう位置づけることができるか、という問題です。フーコーはニーチェにならって知への意志が権力への意志にほかならないことを暴露しますが、そういう解明を行なっている知への意志もまた権力への意志でしかないのか、という問題です。フーコーの立場はそういう一種の自己撞着《どうちゃく》に陥らざるをえないという執拗《しつよう》な批判（権力理論のアポリア）を、ハーバーマスは繰り返し述べています。

こういうハーバーマスからの批判は、少なくとも日本のフーコー研究者のあいだで評判がよくなかったと思います。基本的な次元でのフーコーへの無理解として黙殺するような傾向が支配的だったと記憶しています。

しかし、そのフーコーがハーバーマスに、とくにカントの「啓蒙とは何か」というよく知られたテクストをめぐって、共同討議を呼びかけていたのでした。講義をもとにした『近代の哲学的ディスクルス』が書物として刊行されたのは一九八五年、フーコーの死の翌年ですから、その時点でフーコーがハーバーマスの批判をどの程度理解していたかは微妙です。ともあれフーコーからの呼びかけについて、ハーバーマスは以下のように記しています。

私が初めてフーコーと知り合ったのは昨年〔一九八三年〕のことであり、もしかしたら私は彼のことをあまりよく理解していなかったかもしれない。私に言えるのはただ、どんな強い印象を受けたかということだけである。一方には、客観性を追求する真摯な学者の、ほとんど澄み切った科学主義的抑制があり、他方には、傷つきやすく、主観的に興奮しやすく、そして道徳的に敏感な知識人の政治的バイタリティがあった。〔……〕一九八三年三月に彼は、二〇〇年前に出た〔カントの〕論文「啓蒙とは何か」について議論するために、一九八四年の秋に数人のアメリカの同僚とも一緒に集まって内輪の会議をしようという提案を私にした。

（ハーバーマス『新たなる不透明性』）

フーコーが一九八四年六月に急逝したため、残念なことにこの計画は実現しませんでした。しかし、フーコーがカントの「啓蒙とは何か」というテクストをどう読もうとしていたかの大枠を、私たちは『ミシェル・フーコー思考集成X』に収録されているふたつのテクストのうちに確認することができます。すなわち「啓蒙とは何か」と「カントについての講義」です。そのなかでフーコーは、カントが開始した問いを「われわれはいったいわれわれの現在性において何であるのか」という哲学的問いだと指摘しています。そのうえで、彼は意外なことに「カントについての講義」の最後でこう語るのです。

現在われわれがぶつかっている哲学の選択とは、一般的に真理の分析哲学として現われてくるような批判哲学を選ぶことができるのか、それとも、われわれ自身の存在論、現在性の存在論といった形態をとる批判的思考を選ぶことができるのかというものであると私には思えます。そして、ヘーゲルからニーチェ、そしてマックス・ウェーバーを経てフランクフルト学派にいたるまで、この後者の哲学の形こそが、私がそのなかで仕事をしようとしてきた考察の形態を基礎付けたものなのです。

（『ミシェル・フーコー思考集成X』）

これによれば、フーコーは、早すぎる最晩年にいたって、自分の生涯にわたる仕事をフランクフルト学派にいたる系譜に位置づけていた、ということになります。実際、フーコーは一九七〇年代の終わりから、フランクフルト学派について肯定的に言及するようになります。フランクフルト学派と自分の関係をフーコーがいちばん詳しく語っているのは、私の知るかぎり『ミシェル・フーコー思考集成Ⅷ』に収録されている「ミシェル・フーコーとの対話」です。一九七八年の末に行なわれた長いインタビューが一九八〇年に雑誌掲載されたものですが、そこでフーコーは「フランクフルト学派の哲学者たちの功績を認めるとき、私は、はるか以前に彼らを読むべきであった、もっと早く彼らを理解すべきであった人間の罪悪感でもって認めているのです」と語っています。

ただし、フーコーがイメージしている「フランクフルト学派」は『啓蒙の弁証法』、とりわけホルクハイマーの思想です。一方、ハーバーマスの『コミュニケーション的行為の理論』は、分析哲学か批判理論かという二者択一を退けつつ、『啓蒙の弁証法』やウェーバーへの批判をだいじなモティーフとして成立したものです。さらには、ハーバーマスによるフーコー自身への批判がありました。もしもハーバーマスとフーコーの共同討議が成立していれば、そのなかでフーコーがハーバーマスの主張をどう受けとめることになったか、想像をおよぼすのは容易ではありません。ともあれ、両者の関係については、今後あらためて問われることになるでしょう。

討議倫理と『正義論』

ハーバーマスは『コミュニケーション的行為の理論』以降も精力的な活動を続けてきました。ひとつには、ハーバーマスは古くからの友人であった哲学者カール・オットー・アーペルとともに「討議倫理学」を提唱してきました。伝統的な価値規範が失われ、さまざまな文化を背景とするひとびとが共同で社会生活を営むうえでは、どのように行為すべきかを、集団的な討議によって決定するほかないからです。ただし、そこで多数者による少数者の排除・抑圧が生じないようにするためには、そうとう複雑で困難な手続きが必要になります。したがって、ハーバーマスの討議倫理は具体的な行為の規則を定めるよりは、そういう討議を可能にする普遍的な条件を探ることを課題としてきました。

もう一点紹介しておくと、ハーバーマスは一九九二年に『事実性と妥当性』という大著を刊行しました。この著作のサブタイトルは「法と民主的法治国家の討議理論にかんする研究」です。ここでハーバーマスは、『コミュニケーション的行為の理論』以来の「討議」に関する議論を、「法」ないし「権利」（ドイツ語では同じ「レヒト Recht」です）というカテゴリーを軸にして、民主主義の理念と関わらせて論じています。ハーバーマスからすると「法・権利」は、システムと生活世界を結びつけるきわめて重要なカテゴリーでもあって、『コミュニケーション的行為の理論』で提唱されたシステムと生活世界の関係が、さらに踏み込んで検証されています。さらにこのなかで、ハーバーマスがジョン・ロールズの『正義論』(一九七一年)に対する批判を提示していることも指摘しておく必要があります。それはやはり、相手を論破するための批判ではなく、学ぶため、あるいは学び合うための議論です。

デリダとの共同声明

そして、あのフーコーの呼びかけからちょうど二〇年後、今度はデリダとハーバーマスの共同声明が発せられることになりました。それは、国連の決議も経ないままアメリカ合衆国を中心とした多国籍軍によるイラクへの空爆が開始されてから二ヵ月半がたった、二〇〇三年五月三一日のことでした。ドイツではドイツ語で『フランクフルター・アルゲマイネ』紙に、フランスではフランス語で『リベラシオン』紙に、両者による強い抗議として発表されました。共同声明に付されたデリダの短い文章によれば、声明の文面はハーバーマスが起草し、当時すでに病床にあったデリダがそれに同意したものです。

それにしても、それがハーバーマスとデリダの共同声明という形態をとったことは、驚きをもって迎えられました。ハーバーマスとデリダはたがいに論敵、場合によっては不倶戴天《ふぐたいてん》の論敵とさえ見なされていたからです。

さきに見ましたとおり、ハーバーマスは『コミュニケーション的行為の理論』の時点で、アドルノとの関わりで、フランスのポスト構造主義を、批判的社会理論の立場からは絶対に踏み込んではならない邪悪な藪《やぶ》のように見なしていました。その後、『近代の哲学的ディスクルス』の第Ⅶ章でハーバーマスはデリダについて論じていますが、そこでもハイデガーを超えようとしながらあくまで「主観性の哲学のパラダイムを抜け出ていない」とデリダを批判して、こう述べています。

脱構築の作業は、うずたかく積もった解釈の残滓《ざんし》の山を撤去してその下に埋まっている基底を顕《あらわ》にしようとするにもかかわらず、解釈の残滓はさらに増してゆくばかりである。

（ハーバーマス『近代の哲学的ディスクルスⅠ』）

『近代の哲学的ディスクルス』全体をつうじた印象では、フーコーに対してよりもデリダに対して、その時点でのハーバーマスの拒絶感は強かった印象があります。一方、デリダの側でもまた、一九九一年に刊行された『他の岬』で、明らかにハーバーマスを念頭において、こう記しています。

最高の善意からのヨーロッパ的企図、一見して明白に多元主義的で、民主的かつ寛容なヨーロッパ的企図でさえ、「精神の制覇」をめざすこの容赦なき競争においては、媒体＝メディア、討議の規範、言説のモデルといったものの同質性を賦課《ふか》する＝押しつける試みになりかねない。〔……〕この種の言説は、透明性〔……〕や、民主主義的討議の一義性や、公共空間におけるコミュニケーションや、「コミュニケーション的行為」といったものを擁護するという口実のもとに、こうしたコミュニケーションに好都合だとされている言語モデルを賦課する＝押しつける傾向をもっている。（デリダ『他の岬』）

引用のすこし先には「分析哲学やフランクフルトで」という表現も登場します。これがハーバーマス、とくにその『コミュニケーション的行為の理論』への批判であることは明らかです。対立しているはずのハーバーマスとデリダのあいだでどのような歩み寄りがあったのか、ふたりの共同声明の発表に、いぶかしげに尋ねる声もありました。

本章で繰り返し指摘しましたように、ハーバーマスは論敵から学ぶという態度を維持してきました。その点からすると、デリダを批判しているのだから、あるいはデリダから批判されているのだから、共同声明はありえないというのは、あまりに単純な受けとめ方です。一方、デリダは一九九三年に刊行された『マルクスの亡霊たち』において、「マルクス主義の精神に忠実であり続けるふたつの異なった理由」を述べています。ひとつは理念と経験的現実の差異をできるだけ縮小してゆくという、ある意味で現実主義的な方向です。そしてもうひとつは、理念そのものを問いに付すというラディカルな方向です。そしてこのふたつはたがいに付け加わるのではなく「絡み合うべきなのだ」とデリダは述べています。ハーバーマスとの共同声明はまさしくこの「絡み合い」のひとつの具体的な姿だったのではないでしょうか。

ヨーロッパの再生に向けて

ふたりの共同声明は、ふたつの「日付」を想起するところからはじまっています。ひとつは、スペインの首相が当時の合衆国大統領ジョージ・ブッシュへの忠誠を表明してひとびとを唖然《あぜん》とさせた日であり、もうひとつは二〇〇三年二月一五日、「ロンドン、ローマ、マドリード、バルセロナ、ベルリン、パリで、大群衆のデモが、この不意打ちの政治劇に抗議した」その日です。共同声明は、この大群衆のデモにこそ、「ヨーロッパ的公共性の生誕」を見ようとします。そのうえで、共同声明がもとめているのは、ヨーロッパ連合、EUの強化とともに、新たな「ヨーロッパ的アイデンティティ」の確認と共有です。すこし長くなりますが、声明のなかほどから引用しておきたいと思います。

ヨーロッパは、接し合い対立し合ういくつもの国民国家からなっている。国語・国民文学・国民歴史のなかに刻印された国民意識は、長いあいだ爆薬として作用してきた。だがこうしたナショナリズムの破壊力への反作用として、当然ながら多くの相互調整のモデルもまた形成されてきた。そしてこの関係調整のモデルこそ、非ヨーロッパ人から見た場合、比類なき文化的多様性にどこまでも彩られたこんにちのヨーロッパに、一つの固有の顔をあたえているのである。ヨーロッパとは、幾世紀ものあいだ都市と国との抗争、教会権力と世俗権力との抗争、信仰と知との競合、政治権力間あるいは対立する階級間の闘争によって、他のいかなる文化よりもはげしく引き裂かれてきた一つの文化なのだ。その文化においては、異なるものたちがどのようにコミュニケートし合うか、対立するものたちがどのように協力関係にはいるか、諸々の緊張関係がどうしたら安定させられるかを、多くの苦しみのなかから学ばなければならなかった。諸々の差異を承認すること——他者をその他者性において相互に承認すること——このこともまた、われわれに共通するアイデンティティのメルクマールとなりうる。

このような文面に、私たち「非ヨーロッパ人」は、ハーバーマス、さらにはデリダのうちにも存在している、ヨーロッパ中心主義を嗅ぎつけないわけにゆかないかもしれません。それに、ここにおいては、ヨーロッパの現状にかなりの理想化が施されているという印象も否定できないかもしれません。とはいえ、このような「ヨーロッパのアイデンティティ」をやはり「理念」として掲げ、堅持してゆくことは、疑いもなく重要なことではないでしょうか。しかもそのアイデンティティは、「諸々の差異を承認すること」、「他者をその他者性において相互に承認すること」を本質とする、ある意味ではきわめて逆説的なアイデンティティなのです。

確かに、これが現実にはきれいごとである可能性を否定することはできません。実際、EU自体、どこかでその境界を閉じなければなりませんし、「他者をその他者性において相互に承認すること」にも限度がある、というのが実状かもしれません。しかし、そのことに対する抗議を私たちはどこに向けて発することができるでしょうか。「お前たちは私を、私たちを排除しているではないか」という異議申し立てを、私たちは誰に、どこに突きつけることができるでしょうか。アメリカ合衆国は「国益」の名のもとに一蹴してしまうかもしれません。私たちの暮らす日本は、そのような異議申し立てにいちばん耳を閉ざしている場所でさえあるかもしれません。

異質な他者が異質なままに承認されなければならないという言葉が少なくとも理念として聞き届けられるべき場所、本来その声に耳を閉ざしてはならない場所、それはやはりいまのところ「ヨーロッパ」と呼ぶしかないのではないでしょうか。ただしそれは、物理的・地理的な空間としてのヨーロッパではありません。「他者がその他者性において承認されるべき場」――それにさしあたりあたえられている名前が「ヨーロッパ」です。

それとともに、ハーバーマスとデリダの共同声明には、「永久平和」を希求したカントの理念がこだましていることも私たちは確認すべきでしょう。フーコーがハーバーマスに共同討議をもとめたカント、ハーバーマスとデリダの共同声明に魂を吹き込んでいるカント、私たちはあらためてカントの精神を噛《か》みしめる必要があるに違いありません。

ハーバーマスにおける自然と文明

フランクフルト学派第一世代、とりわけアドルノは、ホロコーストという出来事によって、文字どおり震撼《しんかん》させられるようにして、その思想を紡ぎ出してゆきました。ハーバーマスの『コミュニケーション的行為の理論』以降の取り組みは、そういう第一世代と比べると、ずいぶん異なった課題と取り組んでいる、と見えるかもしれません。しかし、ハーバーマスのシステムと生活世界の関係への問いは、ホロコーストをめぐる第一世代の問いかけにも接続可能だと言えます。

たとえば、ナチスという「権力」によってヨーロッパのひとびとの「生活世界」から「ユダヤ人」が排除・抹殺されていったとき、それはまさしくシステムによる生活世界の植民地化、およそ極限的な植民地化であった、と見なせるのではないでしょうか。あるいは、当時のひとびとがそれを「植民地化」ないしはそれに準じる感覚で受けとめていなかったとすれば、「ユダヤ人」は彼ら、彼女らの「生活世界」から、すでにして排除されていたのかもしれません。ホロコーストのような極限的な暴力を「権力」が発揮するとき、システムと生活世界にはどのような抗争の場ができているのでしょうか。これは、『コミュニケーション的行為の理論』からも問うことのできる問題ですし、問わねばならない問題です。

また、フランクフルト学派はマルクスとフロイトといった異質な思想家の統合を果たすことを試みただけでなく、とりわけ『啓蒙の弁証法』というその代表作において、自然と文明の宥和《ゆうわ》という大きな課題を提起していました。ハーバーマスにいたると、そういう大きな物語は後景に退いてしまうと一般には理解されています。確かにハーバーマスにおいては、とくに「自然」をめぐる問題は主題化されず、人間と人間の関係をめぐる、あくまで間主観的な問題に限定されているかの印象があります。

しかし、生活世界とシステムをめぐる問題は、やはり自然と文明の宥和という大きな問題設定と無縁とは私には思えません。むしろ、『啓蒙の弁証法』が最終的に提示しようとしていた自然と文明の宥和という問題は、ハーバーマスにおいて、システムと生活世界をめぐる問題として、きわめてアクチュアルに設定しなおされ、問いなおされている側面があるのではないでしょうか。逆に言うと、私たちは自然と文明の宥和という大きな問いを、生活世界とシステムの関係という問いとして考えることができるのではないか、ということです。単純に生活世界が自然（内的・外的な自然）を、システムが文明を代表しているのではないにしろ、両者の関係には、自然と文明の関係が少なくとも持ち越されている、と考えることができます。

これらのことを問題提起として記して、本章を終えたいと思います。

第7章　未知のフランクフルト学派をもとめて

フランクフルト社会研究所の設立の前後から、研究所自体の合衆国への亡命、戦後ドイツにおけるその再建を経て現在にいたるまでを、ホルクハイマー、フロム、ベンヤミン、アドルノ、ハーバーマスを中心にたどってきました。この終章では、フランクフルト学派のこんにちの姿を、現在の社会研究所の所長であるアクセル・ホネットの思想、その他のフランクフルト学派第三世代に属する思想家、そして、「アメリカ・フランクフルト学派」とも呼ばれる思想家たち、さらには未知のフランクフルト学派にいたるまで、考えることにします。

ホネットの承認論的転回

ハーバーマスはいまも現役で自分の思想を展開していますから、ハーバーマスはフランクフルト学派の現在そのものですが、もちろん、ハーバーマス以降の世代がドイツではさまざまな形で活躍してきましたし、いまも活躍しています。いわば、フランクフルト学派第三世代です。その代表が、現在、フランクフルト大学で社会哲学の教授を務めるとともに、社会研究所の所長を兼任している、アクセル・ホネットです。

ホネットは一九四九年の生まれですので、日本で言う団塊世代です。アドルノやハーバーマスが学生運動と最終的には訣別《けつべつ》したあの学園闘争の時代を、学生として体験した世代に相当しています。ホネットはハーバーマスに強い影響を受けながら、博士論文にもとづく『権力の批判』（一九八五年）以来、たくさんの著作を刊行してきましたが、そのうち何冊かはすでに日本語訳が出版されています。それらのなかで、いまのところいちばん重要な理論的著作は『承認をめぐる闘争』（一九九二年）だと言えます。この著作でホネットは、ハーバーマスの『コミュニケーション的行為の理論』を基本的に継承しながらも、それをさらに新たな方向へ展開させようとしました。それは「批判的社会理論の承認論的転回」と呼ばれています。

ホネットの最初の『権力の批判』は、アドルノにいたる批判理論の流れを批判的に総括したうえで、フーコーの権力論を経由してハーバーマスにいたるという、それこそ第三世代にふさわしい野心的な著作です。『近代の哲学的ディスクルス』でハーバーマスがフーコーへの批判を提示していたこと、逆にそれと相前後して、フーコーからハーバーマスへ共同討議の呼びかけがあったことは、前章で確認しました。そういうフーコーと批判理論の関係への関心は、ホネットらの世代にとっては当然のことであったのかもしれません。とはいえ、『権力の批判』では、ハーバーマスにいたる一種、目的論的な形で議論が展開されていて、フーコーに対する批評もそういう流れのなかにいわば都合よく押し込められている印象があります。ハーバーマスとの差異もまだここでは明確ではありません。

それに対して、『承認をめぐる闘争』において、ホネットは現在の社会哲学の取り組むべき課題としてタイトルにあるとおり「承認をめぐる闘争」を明確に設定し、ヘーゲルが『精神現象学』（一八〇七年）にいたる過程で構想していた承認論をあらためて再構成しています。それによってホネットは、親密な関係における「愛」、市民社会における「法（権利）」、さらには社会的な「連帯」という三つの構造をもつものとして、社会的な承認関係を説明しています。

ホネットがヘーゲルから継承している「承認」は、客体のたんなる認識とは異なります。平たく言うと、この「私」が自由な人格をもった主体として認められること、それが「承認」です。そのヘーゲルの承認論は、さらにさかのぼるとフィヒテに由来していますが、フィヒテ以来そのような「承認」は一方的には実現せず、相互承認としてはじめて成立すると考えられてきました。つまり、自由な人格をもった主体としておたがいに認め合うこと、それが相互承認です。ハーバーマスのコミュニケーション的行為においても、フィヒテ、ヘーゲル以来の相互行為としての承認は、その理論的前提にもなっているのですが、ホネットは、コミュニケーション的行為の根底にあるものとして、承認ないしは承認をめぐる闘争に、あらためて強い光をあてるのです。

さまざまな社会的な抗争の根底にあるのは、この承認の欠如に対する不満ではないか、それがホネットの構想の出発点です。ホネットはそれをさらに明確に「侮蔑の体験」とも呼んでいます。私たちはしばしば、学校で、職場で、あるいは地域社会で、自分の存在が黙殺されている、と感じることがあります。さまざまなマイノリティの位置で暮らしているひとびとは、社会のマジョリティから自分の存在が無視されていると感じざるをえないことがしばしばあります。「私たちの存在を認めよ!」という訴えが、現にさまざまな局面で社会運動として展開されてもいます。それらを「承認をめぐる闘争」として哲学的に位置づける、それがホネットの社会哲学です。

さきに紹介しましたように、ホネットはそれを、親子の関係からはじまる「愛」、市民社会における「法(権利)」関係をつうじた承認、さらには社会的な「連帯」における承認までをふくめます。ヘーゲルの承認論の場合、家族と市民社会のあとには「国家」が来るのですが、ホネットは国家ではなくて社会的な連帯を置きます。私たちは家族に代表される親密な関係のなかでまず人格として承認され、市民社会では法（権利）の主体として承認されます。しかし、私たちはそれだけではなく、自分が社会の重要な構成員であることを積極的に認められたいと願います。名誉や尊厳を社会的な次元でも認められたいと望むのです。こういうホネットの承認をめぐる議論は、ハーバーマスのコミュニケーション論を超えて、いわゆる格差社会のなかで日々格闘している私たちの経験にリアルにふれるところがあります。

分配か、承認か？

ハーバーマスが『事実性と妥当性』でロールズの『正義論』に対する批判を提示していることを紹介しましたが、このホネットの承認論も、ロールズの『正義論』への批判という意味合いをもっています。ロールズの『正義論』は、リベラルな個人を前提として、社会的な富をどのように再分配するか、という新たな問題提起でした。マルクスは、本来労働者がその労働をつうじて産み出した富が生産手段を所有している資本家に独占されている現状を搾取理論という形で批判しました。しかし、冷めて見ればそれは、資本主義社会のメカニズムによって蓄積された富を、誰にどのように分配するか、という問題でもあります。資本主義社会の産み出した富が労働者にもきちんと分配ないし再分配される制度が整えられれば、ことさらな「革命」は不要ということにもなります。それは賃金の調整、税率の適切な設定、さらには福祉政策の充実という形で達成されると見なすこともできます。しかもそれは、生産力がさらに発展することで可能となる、という問題ではありません。現在の生産力の段階でただちに実現されるべき「正義」です。

しかし、たとえば、何らかの理由からどんな職業にも就《つ》けず生活費も得られないといったひとの場合、生活するのに十分な福祉手当を支給されるだけで事態はすべて解決するのか、という問題があります。福祉手当の支給という富の再分配が社会的な承認の否定に繫《つな》がる場合もあります。少なくとも、富の分配・再分配だけでは、ホネットが想定している「承認」の次元の問題は解決しない可能性が高いのです。あるいは、何らかの権利の侵害に対して被害者が賠償をもとめる場合、それはお金だけをもとめてなされているのではありません。肝心なのは権利や名誉の回復です。要するにお金が欲しいのだという言い方は、被害者の尊厳をふたたび傷つけます。つまり、私たちがこの社会で生きてゆくうえで必要としているのは、富の分配・再分配だけではなく、さきの三つの次元での「承認」でもあって、ロールズの『正義論』ではそういう問題への視点が弱いのではないか。

こういう文脈で、ホネットの承認論は、合衆国を中心としたロールズの『正義論』以来の、リベラルな個人主義と共同体主義（コミュニタリアニズム）をめぐる議論にも絡んできます。実際、ホネットの承認論をめぐって、あとで見る「アメリカ・フランクフルト学派」のひとりにも数えられている、ナンシー・フレイザーとのあいだで論争が生じました。フレイザーはホネットの議論に、ヘーゲル的な共同体主義の匂いを強く感じざるをえなかったのです。最終的にはどちらも、分配か承認かは、二者択一ではなく、問いそのものが間違っている、というところに落ち着くのですが……。ともあれ、両者の応酬は『再配分か承認か？』（二〇〇三年）という著書にまとめられ、日本語訳も刊行されていますので、興味のある方はお読みいただければと思います。

ただし、二一世紀に入ってからの私たちの社会は、分配か承認か、どころか、分配もなければ承認もない、といった事態に立ちいたっているかもしれない、という点は、あらためて考えておく必要があります。

ドイツ語圏のさまざまな「フランクフルト学派」

もちろんドイツないしドイツ語圏には、ハーバーマス、ホネット以外にも現在「フランクフルト学派」に数えられている研究者、思想家が多くいます。

ハーバーマスと同世代のアルフレート・シュミット（一九三一－二〇一二）は、アドルノの助手を務め、学位論文『マルクスの自然概念』（一九六二年）を出版しました。これは日本語訳も刊行されています。マルクスの自然概念を、本書では言及できなかったエルンスト・

ブロッホの自然概念とも結びつけた著作です。さらに、シュミットは、一九七二年には社会研究所の所長に就任して、『社会研究誌』の復刻版が刊行された際には、長い序文を執筆しています。この序文も『フランクフルト学派』というタイトルで邦訳が刊行されています。

それに対して、アルブレヒト・ヴェルマーは一九三三年生まれで、やはりハーバーマスと同じ世代に属していますが、ハーバーマスの助手を務めていたこともあって、フランクフルト学派第三世代に数えられています。

ヴェルマーは元来ポパーの認識論批判を出発点として、アドルノの美学論の批判的研究に取り組み、『モデルネとポストモデルネの弁証法』（一九八五年）というコンパクトで優れた著作をまとめたりしています。残念なことにその本は未邦訳ですが、その後ヴェルマーがハーバーマスの討議倫理を踏まえてカント哲学を深く掘り下げた著作『倫理学と対話——道徳的判断をめぐるカントと討議倫理学』（一九八六年）には日本語訳があります。ドイツ観念論から音楽論をふくむ美学論まで、フランクフルト学派第一世代に匹敵するような幅広い素養を背景としていますので、ホネットは自分よりもヴェルマーのほうが「フランクフルト学派第三世代」にふさわしいと発言したりもしています。

日本でも『後期資本制社会システム』（これは邦訳用に編集された自選論集）などの著作で知られるクラウス・オッフェ（一九四〇－　）も、フランクフルト学派の第三世代に数えられます。オッフェは、ハーバーマスの影響下で、ルーマンのシステム論を深く吸収しつつも、システム論では捉えきれない、現在の資本制社会のさまざまな矛盾や葛藤（コンフリクト）、そのダイナミズムを分析しようと試みています。

一九五二年生まれのアレックス・デミロヴィッチは、一九九九年に大著『非体制順応的知識人——批判理論のフランクフルト学派への発展』を著しました。この本は戦後のフランクフルト学派の歴史を、社会研究所の地下室に封印されていた膨大な資料を掘り起こしながら、社会史的な側面もふくめて捉え返した大きな仕事です。幸いなことに、独自に再編した四分冊の形で日本語訳も刊行されています。デミロヴィッチは、ハーバーマスのもとで学びながらも、理論的にはアドルノなど第一世代の思想、とくに物象化論の再構成に取り組むとともに、マルクス主義のモティーフを強く維持しようとしている点にも特徴があります。デミロヴィッチの両親は元来クロアチア系の住民で、ナチス時代に労働力としてドイツへ強制連行されたといいます。デミロヴィッチはその二世という立場でもあります。

さらに、一九五四年生まれのマルティン・ゼールは、さきに紹介したヴェルマーのもとで博士論文を書き上げて以来、アドルノ論をふくめて、美学、哲学に関するたくさんの著作を刊行して、二〇〇四年からはフランクフルト大学で哲学の教授を務めています。ゼールは、一九九八年から二〇〇一年にかけて、ドイツの代表的な新聞『ツァイト』のコラム欄の執筆も担当していました。一九九一年に刊行された大著『自然美学』は日本語訳も出版されています。伝統的な「自然美」に対するここでのゼールの問いかけは、自然を「承認」の対象としてどう捉えることができるかというテーマをふくんでいて、環境問題にも開かれています。

繰り返し確認してきたように、「フランクフルト学派」という第一世代への呼称自体があくまで他称ですから、第三世代あたりになると、自他ともにその境界はあいまいになってゆきます。そのようなことを前提にして言うと、リスク論で知られ、とりわけ東日本大震災以降、日本でも多くの著作が出版され、注目されてきた社会学者ウルリッヒ・ベック（一九四四－）も、フランクフルト学派第三世代に数えられることがあります。とはいえ、アドルノ、ホルクハイマー以来の自然と文明の宥和《ゆうわ》という問いとベックのリスク論をどのような関係において捉えることができるかは、今後の課題でしょう。

ノルベルト・ボルツ（一九五三－）になるともはや自他ともに「フランクフルト学派」の一員とは見なさないかもしれません。ともあれボルツは、アドルノの美学論から出発しつつ、やがてフランクフルト学派の思考から訣別して、ベンヤミンの思想を独自なメディア論へと展開させて、ドイツにおけるメディア論の代表的な論客となりました。同時にボルツは、フランスのポスト構造主義の思想も吸収しつつ、フランクフルト学派がタブー視してしまったと彼が考える、ハイデガーやカール・シュミットといった思想家をあらためて取り上げています。ボルツの著作はたくさん日本語に訳されていますが、『批判理論の系譜学』（一九八九年）はワイマール時代のウェーバー、シュミット、ハイデガーといった「決断主義」の系譜のなかで、ベンヤミン、アドルノの思想を問いなおした著作です。

マーティン・ジェイの画期的な仕事

フランクフルト学派第一世代の思想を思想史として最初に描いた著作は、ドイツ語圏の研究者によってではなく、合衆国のマーティン・ジェイ（一九四四－　）によって書かれました。彼が一九七三年に出版した『弁証法的想像力――フランクフルト学派と社会研究所の歴史 1923-1950』は、いまもフランクフルト学派を総体として理解しようとする際の基本文献です。この本が出版されたのは、アドルノはすでに死去していたとはいえ、フランクフルト学派第一世代のひとびとの多くが存命の時代です。ドイツ語圏の研究者には、距離をおいて「思想史」として捉えることがまだ困難な時期であって、合衆国のジェイだからこそ可能な仕事だったかもしれません。『弁証法的想像力』にはホルクハイマーが一九七一年一一月付で、「序言」を寄せています。

もちろん『弁証法的想像力』は、膨大な著作を読み込み、インタビューをふくめてさまざまなデータを適切に処理するという、思想史家に不可欠の能力をジェイが優れて有しているからこそできた大仕事です。これだけのものを三〇歳に満たない年齢でまとめたのは、ちょっと信じられないほどです。ただし、副題にあるとおりジェイがここで扱ったのは一九五〇年まででした。つまり、ドイツへ帰国後のフランクフルト学派はジェイの著作の射程外にありました。ジェイを引き継いで、フランクフルト学派のその後までふくめた思想史的な著作となると、ロルフ・ヴィガースハウスの大著『フランクフルト学派』(一九八六年)まで待たねばならないことになります。

興味深いことに、そのジェイはたんに合衆国におけるフランクフルト学派について(傍点)の研究者ではなく、自らフランクフルト学派の一員という意識をもっています。実際彼は、『弁証法的想像力』のあと、『マルクス主義と全体性』(一九八四年)、『永遠の亡命者たち——知識人の移住と思想の運命』(一九八五年)などの大きな思想史研究をまとめてゆきます。そのジェイの仕事の支えになったひとりが、フランクフルト学派第一世代のレオ・レーヴェンタールでした。レーヴェンタールについては本書の第1章ですこしだけ紹介しました。彼は合衆国へ亡命したのち、まさしく「永遠の亡命者」として合衆国に留まるとともに、ジェイらの世代の新しい研究者たちにかけがえのない刺激をあたえていました。

アメリカ・フランクフルト学派

そういうレーヴェンタールとジェイの周囲には、マルクーゼが一時期、新左翼の教祖のような形で人気を博したのち、ジェイが自ら「アメリカ・フランクフルト学派」と呼ぶような思想家たちがアカデミズムの内部でも育ってゆきました。ジェイは日本の研究者および出版社からの呼びかけに応えて、「アメリカ・フランクフルト学派」の代表的な論文を集めて、二冊の論集としました。そこには、じつに二〇名以上の研究者の論文がまとめられています。そのなかには、トーマス・マッカーシー、ナンシー・フレイザー、セイラ・ベンハビブ、リチャード・バーンスタイン、アンドルー・フィーンバーグ、リチャード・ウォーリン、スーザン・バック＝モースなど、日本でも翻訳が出版されている、なじみの研究者の名前が見られます。

とくに「アメリカ・フランクフルト学派」で見落とせないのは、さきにホネットとの論争相手としても紹介したフレイザー、それにベンハビブなど、フェミニズムの立場を踏まえた女性の研究者が登場していることです。元来、『啓蒙の弁証法』が近代的な「主体」のモデルとしていたのは、オデュッセウスという男性でした。アレゴリー解釈の対象とはいえ、そもそもオデュッセウスを近代的主体のモデルとする発想、そしてそれにもとづく分析のうちには、ジェンダーバイアスがかかっているのではないか、という問いかけは不可欠です。アメリカ・フランクフルト学派にいたって、フランクフルト学派は、フランクフルト学派第一世代の思想を、フェミニズムの視点から内在的に批判する地点にまでたどりついたことになります。

未知のフランクフルト学派をもとめて

概して、アメリカ・フランクフルト学派のひとびとのうちには、ハーバーマスやホネットに対しても自由な批判を繰り出す意識が強く、彼ら、彼女らとドイツ語圏のフランクフルト学派のひとびととのあいだに今後どのような議論の場が展開してゆくのか、大いに楽しみなところがあります。

とはいえ、ここに紹介したひとびととはまた別に、「フランクフルト学派」の種子は、思わぬ土壌で芽吹いている可能性があります。フランクフルト学派第一世代の思想の中心部には、マルクスとフロイト、さらにはニーチェといった、まったく異質な思想を独自の形で組み合わせる果敢な試みが位置していました。フランクフルトの社会研究所と具体的な接触をもっていないからフランクフルト学派の一員ではない、などという話にはなりません。第一世代から第三世代にいたる試みから強い刺激を得ながら、一見それらとはまた違った形で異質な思想の統合を大胆に試みているひとがいるならば、そのひとびととともに「フランクフルト学派」はそこに存在している、と言えるのかもしれません。

その際、私たちの時代においては、ニクラス・ルーマンのシステム論とミシェル・フーコーやジャック・デリダの一連の批判的な仕事を等距離で見渡せるような視座が、最低限、必要であるに違いありません。たいへんな作業ですが、この日本でも、そういうハードルを軽々と越えながら、日本やアジアでの固有の体験にそくして、フランクフルト学派的な思考が展開されることを期待したいと思います。

最後に、そういう未知のフランクフルト学派をもとめて、『オリエンタリズム』（一九七八年）の著書で知られるエドワード・サイードが晩年に残した言葉を紹介しておきたいと思います。ハーバーマスもホネットも、アドルノの思想はアドルノ独自の体験と不可分のもので、のちの者がそれを反復することには意味がないし不可能だ、という趣旨のことを述べています。しかし、以下のサイードの言葉は、そういう彼らの言い方に対する、小さな反論にはなっていると思います。

二〇〇〇年八月はじめのことでした。イスラエルからニューヨークにやって来た、イスラエルの新聞『ハーレツ』のインタビュアーに対して、サイードは長時間にわたって答えました。パレスチナにいまもある彼の家族の旧住居について、あるいは「難民」ではなく「故郷喪失者」としての自分の思い、さらにはあるべき姿としてのパレスチナ人とユダヤ人の二国民国家など、テーマも多岐に広がっています。じつに三日間にわたって続いたというその対話の最後で、「あなたの発言はとてもユダヤ人的です」という相手の言葉に対して、サイードはこう答えたのでした。

もちろんです。私こそ最後のユダヤ人知識人なのです。あなたは、他にはこんな人間を誰も知らないのです。あなたの同胞たるユダヤ人知識人たちは、いまやみな、垢抜《あかぬ》けない地方の名士になっています。アモス・オズしかり、ここアメリカに住む人たちは全員です。だから、私が最後のひとりなのです。アドルノの唯一の真の後継者なのです。こんな言い方はどうでしょうか——私はユダヤ系パレスチナ人である。

（サイード『権力、政治、文化』下）

アモス・オズは、世界的に知られる、イスラエルの代表的な作家です。彼は、パレスチナ人との和解を熱心に唱えてきた、イスラエルでは良心的な知識人の代表のような位置にあります。けれども、サイードからすれば、そのオズでさえ、中途半端な「地方の名士」に映らざるをえなかったのでしょう。

パレスチナのアラブ文化のなかで育ったクリスチャンであるサイードは、一九四八年のイスラエル建国とともに故郷を奪われた身です。サイードは一九六七年の中東戦争を機に、合衆国でパレスチナの解放を力強く訴え続けました。その彼が自ら「アドルノの唯一の真の後継者」として「ユダヤ系パレスチナ人」を名乗るということ、しかもイスラエルの新聞紙上で――。そこには、鋭い逆説もあれば、したたかな皮肉もこめられているでしょう。しかし、サイードのこの言葉は、アドルノ的精神、あるいはフランクフルト学派第一世代の精神が、思わぬ環境で芽吹く可能性を生き生きと伝えてくれているように、私には思われてなりません。

サイードの発言は、イスラエル建国によってパレスチナ人に降りかかった「ナクバ」（災厄）、いまも打ち続いている「ナクバ」を、ほかでもないホロコーストを背景とした文脈で問いなおす意味でも重要です。それは、かつての被害者であるユダヤ人がいまでは加害者に転じてしまっているというような、安直な物語ではありません（ほんとうの被害者は死者たちなのです）。ホロコーストは現在ではヘブライ語で「ショアー」と呼ばれることが多くなりましたが、ショアーの原義もまた「災厄」です。「ショアー」と「ナクバ」というふたつの災厄の関係をどう捉えるか、それが、二〇世紀の歴史を踏まえて二一世紀を生きてゆく、私たちの最大の課題のひとつであることは疑いありません。

さきの逆説的な言葉を語ったとき、すでにサイードは重い白血病を抱えていて、彼自身自分の病状の深刻さをよく承知していました。サイードが亡くなったのは、この発言の三年後、二〇〇三年九月二五日のことでした。奇《く》しくも私は、フランクフルトで開催されていた、アドルノの生誕一〇〇年を記念する「アドルノ・コンフェレンツ」(アドルノ会議)の会場で、サイードの訃報に接しました。

おわりに

一九三〇年代からフランクフルトの社会研究所を中心に活動をはじめたフランクフルト学派の流れを、研究所の創設からナチスの台頭による研究所自体の「亡命」、さらに戦後における研究所の再建を経て現在にいたるまで、私なりに追いかけてきました。最後はいくらか駆け足になってしまったかもしれません。とくにフランクフルト学派第三世代以降については、あのひとが抜けている、このひとがふれられていない、といったことが多々あるかと思います。言うまでもないことですが、本書の記述はあくまで私の限られた知見の範囲内でのものです。

本書では「はじめに」から、アドルノの「アウシュヴィッツのあとで詩を書くことは野蛮である」という言葉を軸としてきました。ここであらためてアドルノの言葉を別の視点で捉えておきたいと思います。

アドルノのこの言葉を、極端であるとか、強迫的であるとか、受けとめる方もあるかと思います。しかし、ユダヤ教徒あるいはその末裔《まつえい》というだけで、百万単位の人間が短期間に殺《さつ》戮《りく》されていった事実は、最大限の重さで記憶されるべきことだと思います。そのうえで、アドルノがこの言葉を必ずしも「被害者」の位置からだけ発したのではなかった、という点を理解しておく必要があります。

あの当時ヨーロッパに暮らしていた「ユダヤ系」のひとびとで、何の被害にも遭っていないひとは絶無と言われます。本人は無事でも、親戚のなかには必ずホロコーストのなかで殺戮されていったひとが複数存在すると言われます。六〇〇万人が殺戮されるというのはそういうことです。アドルノの両親は幸い、アドルノよりすこし遅れてとはいえ、中米経由でアメリカ合衆国に逃れることができました。しかし、アドルノの親戚のなかには、ホロコーストの犠牲者が必ずいたはずです。それでなくとも、アドルノ自身ナチス支配下でフランクフルト大学の講師職を剝奪されている身です。アドルノはどう考えても「アウシュヴィッツ」の被害者に違いありません。

しかし、『啓蒙の弁証法』は、ファシズムと反ユダヤ主義を、ヨーロッパにおける「啓蒙の弁証法」のひとつの帰結として捉えていました。そして、そのことの捉え返しを、理性の自己批判として遂行しようとしていました。ホロコーストがヨーロッパ的な理性のひとつの現象形態であるとするかぎり、ヨーロッパ的理性の立場に依拠するアドルノもまた、たんに被害者ではなく加害者の位置にもたっていることになります。つまり、アドルノのあの言葉は、たんに被害者側からの告発ではなく、加害者側からの自己批判としても発せられているということを、私たちはあらためて受けとめる必要がある、ということです。

そして、日本の私たちもまた、第二次世界大戦において日本がドイツの同盟国だったといった次元とはまた別に、ヨーロッパ的な文明・文化を受容しようとしてきたかぎりはホロコーストの加害者という位置にあることを、十分考えておく必要があります。広島、長崎への原爆投下という問題にしても、日本がアジアに対する徹底した加害者であったという事実にくわえて、そのような文明・文化の帰結という次元を抜きにはできません。早い話が、ヨーロッパへ留学した日本の科学者があの時点で原爆技術を日本でさきに開発しているようなことがあれば、万能の最終兵器としてアジアにおいても、「鬼畜米英」に対しても、使いまくっていたに違いありません。そういう道具的理性の発露を抑制できるだけの「倫理」を当時の大日本帝国が保持していたとはとうてい思えません。広島、長崎の被害者の声がとくにアメリカ合衆国に届きにくいという背景には、そういう問題もあるように思えます。ここにもフランクフルト学派の視点が活かされるべき問題が潜んでいるのではないでしょうか。

＊

本書の執筆にかかるうえでは、正直さまざまなためらいがありました。「フランクフルト学派」という領域はとても幅広く、私の勉強不足もあって、とうていひとりでは扱いきれないと感じたからです。くわえて、新書という形態ははじめての体験でした。読者をどのように想定すればよいのか……。パソコンに文字を入力しようとしても指が強ばって思うようにゆきません。苦肉の策としてはじめたのが「です、ます」調での入力です。教室で学生に語りかけるような調子でなら、自分のかぎられた知識の範囲内で、しかし伝えたいことは伝える、ということができるのではないか……。そのやり方でようやくすこしずつ文字を入力することができました。書き上げた時点ですべて「である」調に変換するということも考えていたのですが、今回はそのままにとどめることにしました。結果としてかなりまどろっこしい文章になったかもしれません。

さらに、基本的に書き下ろしとして執筆をはじめたにもかかわらず、いざ書いてみると、これまでに自分が書いて発表してきた文章の脈絡にとらわれる箇所がいくつか出てきてしまいました。とくに第4章の『啓蒙の弁証法』を紹介したくだり、第6章のハーバーマスの『コミュニケーション的行為の理論』、そしてデリダとの関係を紹介したくだりは、既発表の私自身の文章をなぞるような形になっています。いずれも、すでに絶版になって久しい書籍、発行部数の限られた単行本が元になっていますので、どうかご容赦いただきたいと思います。

最後に、修士論文までヘーゲルを研究していた私を、アドルノを中心としたフランクフルト学派の研究に導いてくださった徳永恂先生に感謝を申し上げます。すこしでもよい本になるように私なりに力を尽しましたが、ほんとうは徳永先生がもっと早い段階でもっと優れた形で書かれているべき新書でした。編集の太田和徳さん、それに校閲担当の方にも感謝を申し上げます。初校でいくつかの誤記、勘違いをただしていただき、大いに助けていただきました。

二〇一四年八月　篠山にて

細見和之

1944年	アドルノとホルクハイマーの共著『啓蒙の弁証法』の仮綴じタイプ版，発行（ニューヨーク）.
1945年	1月，アウシュヴィッツ収容所，ソ連軍によって解放. 5月，ドイツ，無条件降伏. 8月，日本，無条件降伏．第二次世界大戦が終結.
1947年	アドルノ／ホルクハイマー『啓蒙の弁証法』刊行（アムステルダム）.
1949年	アドルノ，ホルクハイマー，西ドイツへ帰国.
1950年	共同研究『権威主義的パーソナリティ』刊行（ニューヨーク）.
1951年	社会研究所，フランクフルトで活動再開.
1953年	ハーバーマス，ハイデガーの『形而上学入門』を批判.
1969年	8月，学生運動グループとの対立をへて，アドルノ心臓発作で死去. 1960年代，マルクーゼが新左翼の教祖的存在として脚光をあびる.
1970年	ツェラン，パリでセーヌ川に身を投げ死去.
1973年	ジェイ『弁証法的想像力―フランクフルト学派と社会研究所の歴史1923-1950』刊行（ボストン）. 7月，ホルクハイマー心不全で死去.
1981年	ハーバーマス『コミュニケーション的行為の理論』刊行（フランクフルト）.
1983年	3月，フーコーからハーバーマスへ共同討議の呼びかけ.
1992年	ホネット『承認をめぐる闘争』刊行（フランクフルト）.
2003年	合衆国を中心とした多国籍軍によるイラクへの空爆にたいして，ハーバーマスがデリダとともに共同声明を発表.

フランクフルト学派　関連年表

1918年	11月，第一次世界大戦終結.
1919年	ドイツ革命の敗退とワイマール共和国の成立.
1920年	1月，ヴェルサイユ条約発効.
1923年	2月，フランクフルトに「社会研究所」創設.
	11月，ヒトラーによるミュンヘン一揆.
1929年	社会研究所，フロムを中心としてドイツの労働者を対象に最初のアンケート調査を行う.
1930年	6月，ホルクハイマー，社会研究所所長に就任.
1932年	社会研究所の機関誌『社会研究誌』創刊（ライプツィヒ）.
1933年	1月，ヒトラー内閣成立.
	2月，ホルクハイマー，ジュネーヴに移住.
	3月，社会研究所は閉鎖され，6万冊の蔵書が差し押えられる．研究所はジュネーヴへ移設．メンバーの多くも各地に亡命.
	4月，ホルクハイマー教授職解任.
1934年	5月，ホルクハイマーはニューヨークに移住.
	コロンビア大学内に社会研究所，移設.
1935年	ベンヤミン正式に社会研究所の研究員となる.
1936年	最初の共同研究『権威と家族に関する研究』刊行（パリ）.
1938年	2月，アドルノ，ニューヨークに到着.
1939年	9月，第二次世界大戦勃発.
1940年	9月，ベンヤミン，ピレネー山中で自死.
1941年	6月から，東欧を舞台にホロコーストはじまる.
	南カリフォルニアでホルクハイマーとアドルノは『啓蒙の弁証法』のため共同作業に従事.
1942年	3月，アウシュヴィッツ第二収容所ビルケナウでガス室が稼働しはじめる.
	『社会研究誌』別冊「ベンヤミン追悼号」にベンヤミン「歴史の概念について〔歴史哲学テーゼ〕」掲載.
	ノイマン『ビヒモス』刊行.

デミロヴィッチ『非体制順応的知識人─批判理論のフランクフルト学派への発展』全4冊，仲正昌樹監訳，御茶の水書房，2009-11年.
ゼール『自然美学』加藤泰史・平山敬二監訳，法政大学出版局，2013年.
ベック『危険社会─新しい近代への道』東廉・伊藤美登里訳，法政大学出版局，1998年.
ボルツ『批判理論の系譜学─両大戦間の哲学的過激主義』山本尤・大貫敦子訳，法政大学出版局，1997年.
ジェイ編『ハーバーマスとアメリカ・フランクフルト学派』竹内真澄監訳，青木書店，1997年.
──『アメリカ批判理論の現在─ベンヤミン、アドルノ、フロムを超えて』永井務監訳，こうち書房，2000年.
サイード『権力、政治、文化』(下)，大橋洋一ほか訳，太田出版，2007年.
細見和之『アドルノの場所』みすず書房，2004年.

*引用にあたって、邦訳文献の一部に表記を改めたもの、原文から改めて訳しなおしたものがあります。

写真提供＝アフロ（P15、35、129、136、172）

――『コミュニケイション的行為の理論』全3巻，河上倫逸ほか訳，未來社，1985-87年.
――『新たなる不透明性』河上倫逸監訳，松籟社，1995年.
――『近代の哲学的ディスクルス』Ⅰ・Ⅱ，三島憲一ほか訳，岩波書店，1990年.
――『事実性と妥当性―法と民主的法治国家の討議理論にかんする研究』上・下，河上倫逸・耳野健二訳，未來社，2002-03年.
フーコー『ミシェル・フーコー思考集成Ⅹ　倫理／道徳／啓蒙』石田英敬ほか訳，筑摩書房，2002年.
――『ミシェル・フーコー思考集成Ⅷ　政治／友愛』増田一夫ほか訳，筑摩書房，2001年
デリダ『他の岬―ヨーロッパと民主主義』高橋哲哉・鵜飼哲訳，みすず書房，1993年.
――『マルクスの亡霊たち―負債状況＝国家、喪の作業、新しいインターナショナル』増田一夫訳，藤原書店，2007年.
デリダ／ハーバーマス「われわれの戦後復興―ヨーロッパの再生」瀬尾育生訳，『世界』岩波書店，2003年8月号.
中岡成文『ハーバーマス―コミュニケーション行為』講談社，1996年.
細見和之『「戦後」の思想―カントからハーバーマスへ』白水社，2009年.

第7章

ホネット『承認をめぐる闘争―社会的コンフリクトの道徳的文法』山本啓・直江清隆訳，法政大学出版局，2003年.
ロールズ『正義論』川本隆史ほか訳，紀伊國屋書店，2010年（改訂版）.
フレイザー／ホネット『再配分か承認か？―政治・哲学論争』加藤泰史監訳，法政大学出版局，2012年.
シュミット『マルクスの自然概念』元浜清海訳，法政大学出版局，1972年.
ヴェルマー『倫理学と対話―道徳的判断をめぐるカントと討議倫理学』加藤泰史監訳，法政大学出版局，2013年.
オッフェ『後期資本制社会システム―資本制的民主制の諸制度』寿福真美編訳，法政大学出版局，1988年.

徳永恂『現代批判の哲学』前掲.
ノイマン『ビヒモス―ナチズムの構造と実際』岡本友孝ほか訳，みすず書房，1963年.

第5章

アドルノ『ミニマ・モラリア―傷ついた生活裡の省察』三光長治訳，法政大学出版局，1979年.
――『自律への教育―講演およびヘルムート・ベッカーとの対話 1959～1969年』原千史ほか訳，中央公論新社，2011年.
――『プリズメン』渡辺祐邦・三原弟平訳，ちくま学芸文庫，1996年.
――『文学ノート２』三光長治ほか訳，みすず書房，2009年.
――『美の理論・補遺』大久保健治訳，河出書房新社，1988年.
――『本来性という隠語―ドイツ的なイデオロギーについて』笠原賢介訳，未來社，1992年.
――『否定弁証法』木田元ほか訳，作品社，1996年.
――『美の理論』大久保健治訳，河出書房新社，1985年.
――『社会学講義』細見和之ほか訳，作品社，2001年.
エンツェンスベルガー『現代の詩と政治』小寺昭次郎訳，晶文社，1968年.
――『エンツェンスベルガー全詩集』川村二郎ほか訳，人文書院，1971年.
――『何よりだめなドイツ』石黒英男ほか訳，晶文社，1967年.
ツェラン『パウル・ツェラン詩集』飯吉光夫訳，思潮社，1984年.
――『パウル・ツェラン詩文集』飯吉光夫編・訳，白水社，2012年.
ジルバーマン『グスタフ・マーラー事典』柴田南雄監修，山我哲雄訳，岩波書店，1993年.
ヒューズほか『亡命の現代史４　社会科学者・心理学者』荒川幾男ほか訳，みすず書房，1973年.
アドルノほか『権威主義的パーソナリティ』田中義久ほか訳，青木書店，1980年.

第6章

ハーバーマス『公共性の構造転換』細谷貞雄訳，未來社，1973年.

徳永恂『現代批判の哲学—ルカーチ、ホルクハイマー、アドルノ、フロムの思想像』東京大学出版会，1979年.
小牧治『ホルクハイマー』清水書院，1992年.
『カント全集』第4巻，原佑訳，理想社，1966年.
『三木清全集』第8巻，岩波書店，1967年.

第3章

三島憲一『ベンヤミン—破壊・収集・記憶』講談社，1998年.
『ベンヤミン・コレクション1　近代の意味』浅井健二郎編訳，ちくま学芸文庫，1995年.
ベンヤミン『パサージュ論』全5巻，今村仁司ほか訳，岩波現代文庫，2003年.
『ベンヤミン アドルノ 往復書簡 1928-1940』野村修訳，晶文社，1996年.
ヤング＝ブルーエル『ハンナ・アーレント伝』荒川幾男ほか訳，晶文社，1999年.
細見和之『ベンヤミン「言語一般および人間の言語について」を読む—言葉と語りえぬもの』岩波書店，2009年.

第4章

マルクーゼ『ヘーゲル存在論と歴史性の理論』吉田茂芳訳，未來社，1980年.
——『理性と革命—ヘーゲルと社会理論の興隆』桝田啓三郎ほか訳，岩波書店，1961年.
——『エロス的文明』南博訳，紀伊國屋書店，1958年.
——『一次元的人間—先進産業社会におけるイデオロギーの研究』生松敬三・三沢謙一訳，河出書房新社，1980年（新装版）.
ミュラー＝ドーム『アドルノ伝』徳永恂監訳，作品社，2007年.
アドルノ『哲学のアクチュアリティ—初期論集』細見和之訳，みすず書房，2011年.
ホルクハイマー『権威主義的国家』清水多吉編訳，紀伊國屋書店，2003年（復刊版）.
——『理性の腐蝕』山口祐弘訳，せりか書房，1987年.
ホルクハイマー／アドルノ『啓蒙の弁証法—哲学的断想』徳永恂訳，岩波文庫，2007年.

参考文献

全般にわたるもの

ジェイ『弁証法的想像力—フランクフルト学派と社会研究所の歴史 1923-1950』荒川幾男訳，みすず書房，1975年.

徳永恂『フランクフルト学派の展開—20世紀思想の断層』新曜社，2002年.

細見和之『アドルノ—非同一性の哲学』講談社，1996年.

Wiggershaus, Rolf, *Die Frankfurter Schule*, München 1986.

Zeitschrift für Sozialforschung Bd. I -IX, München 1970.（『社会研究誌』の全冊を、アルフレート・シュミットの序文付きで1970年に復刻したもの．ただし、別冊は除かれている）

第1章

シュペングラー『西洋の没落』全2巻，村松正俊訳，五月書房，2001年（定本版).

『ルカーチ著作集』第9巻，城塚登・古田光訳，白水社，1968年.

ホルクハイマー『批判的理論の論理学—非完結的弁証法の探求』角忍・森田数実訳，恒星社厚生閣，1998年.

Horkheimer, Max, *Gesammelte Schriften* Bd. 2, Frankfurt am Main 1987.

第2章

『マルクス＝エンゲルス全集』第23a巻，第23b巻，第24巻，第25a巻，第25b巻，岡崎次郎訳，大月書店，1965-1967年.

フロイト『精神分析学入門』懸田克躬訳，中公文庫，1973年.

フロム『疑惑と行動—マルクスとフロイトとわたくし』阪本健二・志貴春彦訳，東京創元社，1965年.

——『精神分析の危機—フロイト、マルクス、および社会心理学』岡部慶三訳，東京創元社，1974年.

——『ワイマールからヒトラーへ—第二次大戦前のドイツの労働者とホワイトカラー』佐野哲郎・佐野五郎訳，紀伊國屋書店，1991年.

ホルクハイマー『批判的理論の論理学』前掲.

細見和之（ほそみ・かずゆき）

1962年，兵庫県生まれ．大阪大学大学院人間科学研究科博士課程修了．現在，京都大学大学院人間・環境学研究科教授．博士（人間科学、大阪大学）．ドイツ思想専攻．詩人．大阪文学学校校長．
著書『アドルノ』（講談社，1996）
『「戦後」の思想』（白水社，2009，日本独文学会賞）
『ベンヤミン「言語一般および人間の言語について」を読む』（岩波書店，2009）
『石原吉郎――シベリア抑留詩人の生と詩』（中央公論新社，2015）
訳書『哲学のアクチュアリティ』（アドルノ著，みすず書房，2011）
『ワルシャワ・ゲットー詩集』（カツェネルソン著，未知谷，2012）
『この道、一方通行』（ベンヤミン著，みすず書房，2014）
詩集『言葉の岸』（思潮社，2001）
『家族の午後』（澪標，2010，三好達治賞）
『闇風呂』（澪標，2013）
『ほとぼりが冷めるまで』（澪標，2020，歴程賞）
ほか

フランクフルト学派《がくは》
中公新書 2288

2014年10月25日初版
2021年4月5日3版

著　者　細見和之
発行者　松田陽三

本文印刷　三晃印刷
カバー印刷　大熊整美堂
製　　本　小泉製本

発行所　中央公論新社
〒100-8152
東京都千代田区大手町1-7-1
電話　販売 03-5299-1730
　　　編集 03-5299-1830
URL http://www.chuko.co.jp/

Published by CHUOKORON-SHINSHA, INC.
Printed in Japan　ISBN978-4-12-102288-2 C1210

中公新書

哲学・思想

1 日本の名著（改版） 桑原武夫編
2187 物語 哲学の歴史 伊藤邦武
2378 保守主義とは何か 宇野重規
2522 リバタリアニズム 渡辺靖
2591 白人ナショナリズム 渡辺靖
2288 フランクフルト学派 細見和之
2300 フランス現代思想史 岡本裕一朗
2036 日本哲学小史 熊野純彦編著
832 外国人による日本論の名著 佐伯彰一・芳賀徹編
1696 日本文化論の系譜 大久保喬樹
312 徳川思想小史 源了圓
2097 江戸の思想史 田尻祐一郎
2276 本居宣長 田中康二
2458 折口信夫 植村和秀
2535 事大主義―日本・朝鮮・沖縄の「自虐と侮蔑」 室井康成

1989 諸子百家 湯浅邦弘
36 荘子 福永光司
1695 韓非子 冨谷至
1120 中国思想を考える 金谷治
2042 菜根譚 湯浅邦弘
2220 言語学の教室 西村義樹・野矢茂樹
1862 入門！論理学 野矢茂樹
448 詭弁論理学（改版） 野崎昭弘
593 逆説論理学 野崎昭弘
1939 ニーチェ―ツァラトゥストラの謎 村井則夫
2594 マックス・ウェーバー 野口雅弘
2597 カール・シュミット 蔭山宏
2257 ハンナ・アーレント 矢野久美子
2339 ロラン・バルト 石川美子
674 時間と自己 木村敏
1829 空間の謎・時間の謎 内井惣七
814 科学的方法とは何か 浅田彰・黒田末寿・佐和隆光・長野敬・山口昌哉

2176 動物に魂はあるのか 金森修
2495 幸福とは何か 長谷川宏
2505 正義とは何か 神島裕子
2203 集合知とは何か 西垣通